Exu Veludo

~~~~~~⚜~~~~~~

Quebrando Feitiços
e Demandas

Sebastião Cabral

Exu Veludo

Quebrando Feitiços
e Demandas

© 2024, Madras Editora Ltda.

Editor:
Wagner Veneziani Costa (*in memoriam*)

Produção e Capa:
Equipe Técnica Madras

Revisão:
Maria Cristina Scomparini
Jaci Albuquerque
Neuza Rosa

Dados Internacionais de Catalogação na Publicação (CIP)
(Câmara Brasileira do Livro, SP, Brasil)

Cabral, Sebastião
Exu Veludo : quebrando feitiços e demandas / Sebastião Cabral. -- São Paulo : Madras, 2024.
ISBN: 978-85-370-1067-9
1. Exu (Orixá) 2. Feitiços 3. Magia 4. Umbanda (Culto) I. Título.

17-04501   CDD-299.6

Índices para catálogo sistemático:
1. Orixás : Culto : Religiões de origem africana
299.6

É proibida a reprodução total ou parcial desta obra, de qualquer forma ou por qualquer meio eletrônico, mecânico, inclusive por meio de processos xerográficos, incluindo ainda o uso da internet, sem a permissão expressa da Madras Editora, na pessoa de seu editor (Lei nº 9.610, de 19/2/1998).

Todos os direitos desta edição reservados pela

MADRAS EDITORA LTDA.
Rua Paulo Gonçalves, 88 — Santana
CEP: 02403-020 — São Paulo/SP
Tel.: (11) 2281-5555 – ☏ (11) 98128-7754
www.madras.com.br

Índice

Introdução 7
Imperadores do Crime 9
Magos Negros 15
Nas Garras do Desconhecido 21
A Falsa Recuperação de Sinésio 27
Nas Garras do Inimigo 33
As Explicações de Sinésio 41
Um Sonho Estranho 47
Os Sombras Dominam o Casal 57
O Recado de Hamek 65
O Que Recebeu Hamek 69
Um Defensor Implacável 73
A Casa de Sinésio 83
O Feitiço se Volta para Hamek 97
O Presídio 129
Laroiê, Exu Veludo 135
A Breve História de uma Maria Mulambo 137

Introdução

Neste livro, Exu Veludo nos apresenta um mundo tenso, repleto de espíritos das mais variadas condutas, alguns deles de altíssima periculosidade. Alinhado a seus parceiros, senhora Pombagira Maria Mulambo e o representante máximo da lei nas dimensões de baixa frequência senhor Exu Marabô, eles formaram uma coalizão para combater feiticeiros negros, senhores do crime no baixo etéreo. Esses chefes de falange, representantes da lei, fundaram uma organização composta de guardiões e agentes especiais comprometidos com a justiça universal no planeta Terra. Munidos de poderes mágicos, conhecimentos e técnicas militares, esses agentes são capazes de neutralizar, prender e encaminhar esses espíritos maldosos à presença dos senhores Dragões, onde serão dissecados, esvaziados e devolvidos às autoridades espirituais responsáveis pela recuperação destes. Exu Veludo, Maria Mulambo e Exu Marabô, em um passado bem remoto, foram grandes magos, exatamente por isso sabem como lidar com esses criminosos. O Exu nos convida para essa viagem extraordinária em sua companhia. Vamos mergulhar no baixo etéreo e descobrir juntos quem são e como trabalham nossos guardiões.

Esta obra é uma gentileza do senhor Exu Veludo, que nos presenteia com uma história recheada de fatos interessantes e chama-nos a atenção para os cuidados que o médium deve tomar ao se envolver com espíritos de baixa conduta moral, pois se tornarão escravos deles e certamente pagarão alto preço pela inconsequência. Exu Veludo traz ao nosso conhecimento e nos apresenta uma rede de intrigas e feitiçarias no baixo etéreo, mundo esse dominado pela vaidade de espíritos que estão vivendo em um espaço de baixíssima vibração, onde imperam a maldade e o egocentrismo extremo desses seres demoníacos. Exu Veludo gentilmente disponibilizou seu tempo para nos contar esta história e, por fim, enviou um de seus mensageiros para narrar alguns fatos acontecidos. Veludo chama a atenção dos encarnados, para que devamos entender esta obra como um alerta sobre nossos atos. O Exu nos convida a deslizar pela matéria densa do submundo etéreo em sua companhia, por onde circulam os magos negros, senhores da maldade e da escuridão.

Imperadores do Crime

O que os magos negros pretendem fazer para destruir as religiões que os atrapalham na Terra, em especial a Umbanda? Sabemos que eles são muito ousados e não têm limites em suas investidas contra os encarnados. Esses seres são espíritos inteligentes e incansáveis em seus objetivos e especialmente no combate às forças da Luz.

Como esses espíritos criminosos já conseguiram infiltrar seus agentes sombrios e suas ideias dentro de um grupo religioso, que por intermédio deles se julgam os únicos representantes legítimos do Cordeiro no planeta, os líderes religiosos e fiéis tomados pelo fanatismo agora pretendem investir em novo núcleo, e visam em primeira mão aos encarnados, que no momento são suas vítimas em potencial, os chamados médiuns de umbanda, chefes de terreiro e dirigentes espíritas de todas as vertentes. Esse grupo oferece solo fértil para que seres sombrios desenvolvam seus projetos e coloquem entre nós elementos trevosos bem conhecidos dos irmãos encarnados, elementos que poderão ser enfocados pelos magos negros para desestabilizar os centros de umbanda e qualquer outro núcleo religioso.

Por exemplo, podemos citar o egocentrismo, muito comum entre os espíritas, a busca pelo aplauso e pelo reconhecimento público ou ainda a vontade de se sobrepor ao irmão nas habilidades para lidar com as forças espirituais na demonstração de poder, criado pela própria megalomania e pela vaidade. Para alcançar êxito nessa etapa inicial de sedução, os magos apresentam às suas futuras cobaias propostas espetaculares, aumentando a importância desses fatores na mente das pessoas.

A mente egocêntrica ganha importante volume. Quando vislumbram a possibilidade de atingir os objetivos que almejam, então cedem voluntariamente à ação dos magos negros, que se disfarçam em mentores e mestres de reconhecida autoridade moral. Dessa forma, são conduzidas para seus reinos malignos (cidades encontradas no plano astral), onde se transformam em cobaias de experiências mentais e emocionais e são praticamente destruídas, até serem resgatadas por seus mentores espirituais ou mensageiros de luz. Como vivem e quem são esses seres que tanto mal fazem à humanidade? Como um espírito com tamanha capacidade intelectual opta pela vida criminosa? Como combater esse tipo de espírito malévolo? O que os leva a agir dessa maneira e a que grupo pertencem?

Você terá todas essas respostas nesta obra escrita sob a orientação do senhor Exu Veludo; vai entender como trabalham os Exus no combate à criminalidade e que destino dão a esses marginais quando os detêm. Verá também que não estamos vivendo sós nesta dimensão, e que ela é invadida a todo momento por seres de alta periculosidade. Saberá que os espíritos sombrios só entram em nossas vidas porque nós permitimos.

Entenderá que a maldade não é privilégio dos espíritos sombrios desencarnados, e eles só fazem esse tipo de trabalho porque são invocados por viventes que não têm escrúpulos e pagam para que se faça o trabalho sujo. Para isso eles recebem vultosos pagamentos para destruírem pessoas, casamentos, negócios; provocarem acidentes automobilísticos ou de qualquer outra natureza; criarem demandas e confusões em famílias bem estruturadas. Isso é apenas uma pequena mostra das maldades que eles praticam.

Porém, com certeza haverá um questionamento em nossas mentes. Quem é mais criminoso? Quem executa algum trabalho dessa natureza, ou quem contrata um espírito sombrio para executá-lo?

Vamos descobrir que tipo de material eles usam para desenvolver seus feitiços negros? Vamos descobrir o teto de vidro desses monstros que habitam o baixo etéreo e mostrar aos irmãos como se proteger deles?

Juntos, descobriremos quem é Exu Veludo e qual a importância dele no contexto dimensional inferior. Como trabalha esse guardião para nos proteger?

Também veremos a Pombagira Maria Mulambo em ação. Qual o relacionamento que ela mantém com os Exus e porque é tão respeitada por todos. Vamos ficar inteirados sobre como eles recrutam suas falanges.

Vamos entender por que o senhor Exu Marabô é o representante da lei e da justiça nas dimensões inferiores do planeta; também entenderemos por que não há caminhos que ele não percorra, nem demanda que ele não quebre. Veremos que, onde estiver um espírito em sofrimento vítima de injustiças, ele será requisitado e certamente socorrerá esse irmão, porque esse é o Exu Marabô, Exu de lei, é o senhor da justiça na escuridão.

Também saberemos que tipo de conduta um espírito precisa ter para se tornar um Exu da falange Marabô. Como é a parceria entre os guardiões de lei e como os Pretos-Velhos e Caboclos interagem com esses senhores que mantêm o planeta sob sistemática vigilância.

Os Exus de lei são tolerantes com os feiticeiros negros? Certamente não, pois um guardião não pode concordar que um vivente seja atacado e destruído por magia negra; mesmo quando tem dívidas a ajustar, não merece esse tipo de maldade. Sabemos que muitos encarnados vivem para prejudicar e sugar seus semelhantes, material e energeticamente. Com certeza não são menos criminosos que os espíritos sombrios que aceitam executar esse tipo de trabalho.

Os Exus de lei são espíritos evoluídos recrutados pela força maior para nos defender das maldades dos feiticeiros negros e de outros seres, estejam eles encarnados ou não. Mesmo porque não são apenas eles, os feiticeiros negros, que representam perigo para os espíritos que ainda se encontram no plano físico. Quero chamar atenção para o fato de que os responsáveis pelos trabalhos de feitiçarias encomendados são os viventes; espírito desencarnado não tem interesse em desenvolver demandas contra ninguém, eles as desenvolvem porque recebem para fazê-lo. Existe uma parcela grande de espíritos sombrios encarnados disfarçados de líderes religiosos; são seres com alto poder de persuasão que atraem multidões facilmente, seja para as grandes Igrejas, seja para os centros espíritas ou qualquer outra atividade que requeira um grande número de pessoas.

Os Exus são guardiões da lei universal, a lei de umbanda; conhecem todos os caminhos e encruzilhadas energéticas, são conhecedores de grande parte ou quase todas as artimanhas que os espíritos sombrios desenvolveram ao longo dos milênios para praticarem suas maldades. Os Exus trabalham muito para garantir a segurança do planeta e levar esses criminosos aos rigores da lei.

Laroiê:

Maria Mulambo, Exu Veludo e Marabô.

Ao senhor Exu Veludo agradeço pela parceria na construção desta obra. Sou muito agradecido por sua paciência. Quero lhe agradecer pelas inúmeras vezes em que fui chamado pelo senhor de "parceiro".

Salve a força maior!

Magos Negros

São espíritos sombrios, seres perversos, mentirosos, trapaceiros, indignos de qualquer confiança e extremamente maléficos. Eles têm um imenso exército de desordeiros que trabalham na crosta terrestre, executando suas ordens e desenvolvendo desde pequenas demandas a feitiços com alto poder de destruição. Comandam uma equipe de cientistas frustrados, os quais desencarnaram antes que seus projetos fossem concluídos, e tomados pelo ódio por terem desencarnado sem atingir seu objetivo: o de se igualarem à criação divina. Esses seres formaram um grupo muito grande de espíritos desordeiros e tentam a qualquer custo retornar ao corpo físico e dar continuidade aos seus projetos.

Para quem eles trabalham

Os magos negros são seres que comandam o mundo da baixa feitiçaria; o nome fala por si só, eles aprenderam a dominar as energias. São especialistas em desenvolver trabalhos de magia negra; são seres extremamente perigosos com imenso conhecimento técnico na captação e manipulação de energias mágicas e naturais.

Habitam as camadas escuras do planeta e são conhecidos como senhores da maldade. São detentores de muitos crimes, entre os quais podemos destacar: roubo de ectoplasma; invasão de cemitérios e necrotérios; domínio de políticos e administradores públicos, dominando-os e levando-os a se envolverem em crimes contra o patrimônio público e se entregando às benesses da corrupção; pequenos trabalhos, como destruição de famílias e acidentes automobilísticos entre tantos outros. Eles trabalham para qualquer pessoa que aceite pagar o preço que cobram, pois não há restrições no mundo da baixa feitiçaria. Bem sabemos que a magia negra não tem nada de próspero para oferecer e é, por esse motivo, que chama tanto a atenção para os perigos que ela nos oferece.

O que eles querem para a Terra?

Para esses seres que já perderam a exata noção da diferença entre o bem e o mal, fazer algum tipo de trabalho que não cause destruição é impensável. Portanto, a única coisa que os interessa aqui é o caos generalizado, guerras, corrupção, ditaduras, qualquer tipo de acontecimento que cause desestabilidades ao planeta.

Eles comandam com mãos de ferro um grupo muito grande de espíritos desordeiros que habitam a crosta terrestre. Esse grupo, por sua vez, comanda vários criminosos comuns que ainda estão encarnados e vibram em baixa frequência. São esses espíritos sombrios que cometem crimes bárbaros que vemos acontecer a toda hora e cuja crueldade ninguém consegue entender como alguém é capaz de cometer. Em muitos desses casos eles estão envolvidos somente com o objetivo de adquirir ectoplasma, material sem o qual não conseguem desenvolver seus trabalhos, e somente encarnados são capazes de produzirem esse material tão cobiçado pelos feiticeiros.

Como alguém pode contratar seus serviços

Para contratar os serviços de um feiticeiro negro, basta que encontremos um médium de baixa conduta moral, que detenha algum conhecimento no mundo da magia negra e aceite fazer a matança dos animais. Não existem trabalhos de magia negra sem sangue, pois é exatamente desse fluido que os magos negros se utilizam para fazer com que as energias fiquem condensadas e eles consigam manipulá-las mais facilmente. Vale a pena alertar os irmãos sobre os perigos da magia negra, uma vez que, se alguém se envolveu com um trabalho dessa natureza, automaticamente se comprometeu com o espírito que o aceitou. Em muitos casos esse ser já virou até um demônio, para o qual sua alma já pertence.

Ao desencarnar, você já tem um dono, normalmente um demônio que o escravizará por tempo indeterminado. Portanto, pense bem antes de tomar qualquer atitude nesse sentido.

Como eles agem dentro dos templos religiosos

Normalmente os líderes religiosos são muito vulneráveis ao ataque das sombras, em razão de lidarem com muitas pessoas que estão vitimadas por demandas. Ao tentarem ajudar essas pessoas, passam a ser tratados como inimigos pelos obsessores. Um pedido comum é alguém vir em busca de socorro porque um parente está desempregado ou há um casal na família que está se separando, ou um noivo que arrumou outra pessoa e desistiu do casamento, ou uma noiva ou esposa que não quer mais seu par. Quando um líder religioso recebe um pedido dessa natureza e essa situação está acontecendo porque existe um trabalho de magia negra envolvendo o caso, os espíritos criminosos que estão desenvolvendo esses trabalhos sentem-se ameaçados e começam a traçar planos para evitar que o feitiço seja quebrado e eles percam o que lhes foi prometido. Então o mago negro responsável por aquele trabalho estuda o comportamento desse líder e manda seus escravos se infiltrarem nesses templos e satisfazerem as necessidades do ego da pessoa que está oferecendo perigo à organização; em alguns casos eles chegam até a assassinar essas pessoas.

Não são raros membros da mesma religião se desentenderem e provocarem um racha generalizado no grupo. Em muitos casos, templos fecham suas portas porque o grupo se envolve em brigas e entra em desarmonia total. Normalmente os feiticeiros negros pegam os religiosos pelo dinheiro, envolvendo-os em corrupção dentro do templo, ou pelo adultério, que é mais comum.

O que o feiticeiro quer do contratante

Os magos negros são marginais da lei sem nenhum escrúpulo, portanto entre eles não há caridade nem compromisso com a verdade. São mentirosos desleais até mesmo entre si, não confiam em ninguém e cobram sempre adiantado. Somente obedecem aos seus chefes, que normalmente são demônios que habitam as dimensões escuras do planeta, mas que continuam com seus exércitos de malfeitores atuando na crosta. O mago negro, ao receber o pagamento, tem de dividir com seu comandante, que cede um de seus escravos para executar o que foi combinado entre o contratante e o feiticeiro.

O chefe é um dos maiorais da escuridão. O mago também é incumbido de resgatar espíritos devedores e repassá-los ao seu chefe nas profundezas do planeta, para serem escravizados e se submeterem aos mais dolorosos tipos de torturas. Portanto, quando um encarnado contrata os serviços de um mago negro, automaticamente se vende para ele e, ao desencarnar, certamente será escravizado, e aí sim, terá a real noção de sua irresponsabilidade quando encarnado.

Vamos mostrar como um trabalho de magia negra pode destruir uma pessoa sem nenhum escrúpulo ou piedade. Acompanharemos essa história de perto, narrada por quem teve de trabalhar muito para desvendar os segredos dos magos negros, os quais vivem espalhando terror e destruição entre os encarnados, mas que se rendem à autoridade dos Exus, Pretos--Velhos, Caboclos e aos mensageiros de luz do Mestre maior.

Nas Garras do Desconhecido

Sinésio não era um marido exemplar. Seu histórico em adultério não era dos menores, e ele gostava de ficar bebendo com os amigos e curtindo uma roda de mulheres. Era um homem que nunca se apegara a religião nenhuma, até que um amigo o convidou para conhecer um lugar que diziam ser um centro de umbanda. Nessa casa ele conheceu um suposto pai de santo que lhe ofereceu caminhos de muita prosperidade.

Esse cidadão fez de tudo para tomar dinheiro dele; fez trabalhos e mais trabalhos de feitiçarias sem resultado, pois não se tratava de umbandista e sim de um charlatão, como muitos que usam o nome da umbanda para dar ênfase às suas loucuras. Aproveitam-se da ignorância do povo a respeito dessa doutrina, que é extremamente discriminada e tratada como coisa maligna. Mas, se podemos procurar algum responsável por essa má fama que tem a religião, vamos creditar isso aos próprios adeptos, que em troca de dinheiro e para exaltar sua vaidade muitas vezes se submetem a espíritos do baixo etéreo, como os magos negros.

Sem os resultados que almejara, Sinésio resolveu procurar alternativas. Estava descontente com os resultados obtidos com o falso pai de santo. Procurou um padre para se confessar.

Quando saiu da igreja, estava muito insatisfeito, pois achou que o vigário havia lhe dado pouca atenção. Assim, tomou a decisão de procurar uma igreja evangélica, na esperança de que um pastor se interessasse pelo assunto e, quem sabe, encontraria o que estava procurando.

Nessa busca desesperada por uma resposta, caiu nas garras de um estelionatário pastor de uma das maiores igrejas evangélicas que temos no Brasil.

Essa instituição já se espalhou pelo mundo fazendo suas vítimas; arranca o dinheiro de pessoas humildes e desinformadas, que deixam de comprar alimentos para seus filhos para pagarem dízimos.

Quando atrasam um mês por um motivo qualquer, distanciam-se da igreja, são considerados traidores da casa do Senhor que tanto lhes deu a mão nos momentos em que precisavam. Como se essa aberração em que se transformaram essas igrejas pudesse ajudar alguém que necessita de socorro espiritual. Nem mesmo se preocupam com a vida das pessoas, exceto quando elas deixam de pagar o sagrado dízimo, o qual mantém seus líderes no topo da lista de homens ricos do mundo, que andam em seus jatinhos particulares adquiridos com o dinheiro dos fiéis, que deixaram de alimentar suas famílias para não passar vergonha em ter seus nomes divulgados perante seus irmãos de fé.

Esses cidadãos ficam cuidando de suas fazendas de milhões de dólares, pagam fortunas em redes de televisão para ficarem lá durante horas, extorquindo pessoas ao vivo e descaradamente prometendo o céu para quem fizer as ofertas que são sugeridas.

É uma verdadeira festa dos estelionatários. Quando já não aguentamos mais ouvir tantas mentiras, mudamos para outro canal, mas lá está outro pior. Com um sotaque malandro, promete a mesma coisa, ou seja, extorque sem ter nada a oferecer.

Fazem uma gritaria ensurdecedora, como se as santidades fossem surdas, a ponto de termos de gritar para que nos ouçam. Fala-se do diabo o tempo todo, atribuindo todo o mal do planeta a quem não quer saber como vivemos, que é muito inteligente para perder tempo fazendo besteiras, como desmanchar casamento. Não bastava nossos irmãos caídos já terem perdido o direito a habitar a crosta terrestre, ainda têm de pagar por tudo que é considerado mal. Nós somos espíritos em fase de aprendizado, portanto passíveis de erros; não precisamos arruinar ainda mais a situação deles, que são espíritos iguais a nós, sem nenhuma diferença, apenas escolheram seus caminhos enquanto ainda não escolhemos os nossos.

Para os cristãos fanáticos, tudo é coisa do diabo: marido trai mulher, é culpa do diabo; mulher trai marido, quem incentivou? Sempre arrumam um jeito de colocar a culpa em cima dele, que não "pegou" ninguém, mas vai ter de pagar a conta, porque um padre ou um pastor evangélico vai colocar mais essa em sua conta. O padre é pedófilo, de quem é a culpa? O pastor é garanhão, pega as fiéis, culpa do diabo, ou seja, quem faz as estripulias somos nós e quem paga a conta é nosso irmão que já nem pisa mais na crosta terrestre, mas continua levando a culpa.

É esse o principal motivo que leva nossos irmãos caídos a nos detestar tanto, nossa covardia em assumir os deslizes que cometemos. Imagine serem acusados por bilhões de pessoas do planeta, todos os dias, de praticar crimes que não cometeram? Estamos falando dos espíritos encarnados.

E os desencarnados que aparecem por aí nesses centros espíritas dirigidos por médiuns de extrema deficiência moral que se apresentam como Exu, satanás, lúcifer e tantos outros? Nosso irmão ainda tem de conviver com mais essa. Há de chegar um momento em que nós teremos de assumir nossos erros e pararmos de creditá-los aos caídos, que já têm muitas contas a acertar com a lei divina, as quais transgrediram tão violentamente a ponto de perderem o direito de habitar nossa Mãe Terra.

Por isso eles nos odeiam, pois a arrogância e prepotência não os deixam ver os próprios erros; preferem colocar em nossas costas a culpa por terem se envolvido em crimes, perderem o caminho da humanidade no qual andamos hoje. Eles tentam a qualquer custo retardar a evolução do planeta, porque ainda não perderam a esperança de poder retornar aqui e aí, sim, nos pisotear. Por outro lado nos vingamos responsabilizando-os por todas as maldades cometidas por aqui. Ou seja, o jogo é desleal dos dois lados, e eles nos culpam por seus fracassos em dominar a Terra e fazer dela um laboratório de seus experimentos macabros. Podemos chamar esse jogo de covardia simultânea, em que ninguém assume que precisa melhorar em seu estado mental; assim, despencamos cada vez mais para o fundo da Terra e diminuímos cada dia mais nosso cordão umbilical com nossa Mãe Terra.

Em todo sistema de poder há uma oposição; nós somos a parte que atrapalha seus planos de dominar o planeta e deteriorar o sistema de poder universal, implantado por Jesus Cristo quando venceu a batalha que haviam travado há milênios, porque esses irmãos são espíritos tão antigos quanto

Jesus, sendo alguns deles até mais antigos. Esses irmãos são espíritos extremamente inteligentes e detentores de muito conhecimento mágico, mas com um grau de altíssima periculosidade. Eles não se conformam em ter perdido o direito a habitar a Terra, odeiam-nos e se tiverem a menor chance nos esmagarão só pelo simples prazer de cometerem novos crimes. Não que tenhamos feito qualquer coisa que os deixem tão enraivados, mas sim pelo instinto criminoso de cada um deles, que nos veem como insetos ou seres sem categoria que não merecem a menor piedade. Eles nos acham seres sem nenhuma inteligência, portanto não nos respeitam como seus irmãos; se um único deles colocar os pés sobre a Terra, causará uma catástrofe. Não fazem isso porque estão presos no centro da Terra, em seus campos vibratórios, e não conseguem atingi-la em seus pensamentos.

Sul de Minas Gerais, ano 1990

No início dessa década, um mineiro que estava afastado de sua terra natal resolve voltar às suas origens, depois de estar morando em São Paulo por mais de três décadas, constituir uma família com os costumes tradicionais mineiros, mais especificamente do sul do estado. Chamaremos esse senhor simplesmente de Sinésio, para preservarmos a identidade da família, pois sabemos que esta ainda exerce forte influência política na cidade. Iremos então contar um pouco da história dele e de sua família, que se dividia entre a cidadezinha do sul de Minas Gerais e a cidade de Santos, no litoral paulista, onde mora seu filho mais velho.

Quando estava residindo em São Paulo, esse senhor teve problemas muito sérios de saúde mental por conta de um surto de fanatismo religioso, que abalou a estrutura familiar. Ele passou meses internado em uma clínica psiquiátrica. Durante esse tempo, teve total apoio de sua esposa; o casal tinha um filho ainda criança, passou momentos de extrema dificuldade em sua vida. Mas o marido supostamente havia se recuperado e não mais frequentava nenhuma igreja.

A Falsa Recuperação de Sinésio

A vida de Sinésio estava em ordem; ele trabalhava em seu próprio negócio, que andava de vento em popa e lhe dava bons lucros. Também desenvolvia seu trabalho voluntário em uma casa de caridade, sendo amado e venerado pelos moradores daquele lugar. Por onde andava tinha sempre alguém lhe chamando a atenção, e muitos parentes trabalhavam com ele em seu comércio, que continuava em plena expansão.

Com a notoriedade que ganhou em sua cidade natal e com seu trabalho junto à comunidade carente, ele era no momento o homem mais cotado para ocupar uma vaga na câmara dos vereadores daquele município.

Sua eleição estava praticamente garantida. Ele era convidado para qualquer evento que acontecia na região e sempre ocupava um lugar de honra junto às autoridades. Era amigo do juiz, do prefeito, e cliente do mais famoso escritório de advocacia da cidade. Ele era personalidade indispensável em qualquer evento e motivo de orgulho para todos os filhos da cidadezinha, que o tomavam como exemplo a ser seguido.

Sinésio se tornou um homem muito rico; seus negócios tinham tomado uma proporção espetacular a ponto de se tornar um grande investidor no campo, comprando máquinas agrícolas e alugando-as para agricultores da região. Os negócios lhe davam mais dinheiro do que precisava para viver, e sua família estava melhorando dia após dia. Muitos primos e sobrinhos trabalhavam entregando materiais de construção, a frota de caminhões se tornava maior a todo momento e ele contribuía muito com o progresso de sua região.

Mas continuava o mesmo homem simples que sempre fora, falando "uai, sô" e fazendo caridades; acompanhava sua esposa até o centro de umbanda todas as quartas-feiras, como sempre fizera, até mesmo quando vivia de maneira mais simplória. A vida de Sinésio era uma rotina, trabalhava e visitava as casas de caridades para as quais contribuía. Os passeios ao litoral, mais especificamente para a cidade de Santos, eram constantes, pois gostava da praia.

De vez em quando dava uma passada na igreja em que outrora encontrara aqueles pastores que o saquearam. Uma coisa que ele gostaria de esquecer, mas que estava em seu caminho. À televisão ele praticamente não assistia, muito raramente pegava o controle remoto e navegava de canal em canal.

Um dia, sem querer, quando procurava ao que assistir, deparou-se com uma cena inusitada, logo abaixou o volume de seu televisor e começou a assistir ao programa. Sua esposa presa em seus afazeres, nem se deu conta do tempo. Quando entrou na sala, Sinésio ainda estava assistindo ao programa e nem percebeu que ela o observava. Ao ver que ele estava assistindo àquele homem engravatado, perguntou que programa era aquele, mas não obteve resposta concisa. Ele, meio sem jeito, lhe disse que era um dos pastores que ele gostava de ouvir.

Ela não sabia que ele voltara a assistir àquele tipo de programa há algum tempo, e na voz dele ela percebeu algo estranho. Logo que a esposa entrou na sala, ele deu um jeito de sair, ela então pegou o controle remoto e identificou o canal, não era o mesmo que ele assistia em São Paulo/SP.

Aquilo a deixou preocupada, pois tinha medo que voltasse a acontecer tudo novamente; temia que seu marido se tornasse vítima de charlatães mais uma vez. Nesse dia ela quebrou a rotina familiar e fez uma visita inesperada ao marido em seu escritório. Chegou à empresa, mas pediu para não ser anunciada, pois queria lhe fazer uma surpresa. Ao se aproximar da sala que ele usava para trabalhar, percebeu que havia um televisor ligado; ela então ficou na porta sem coragem de entrar, mas dava para ouvir uma voz masculina que se dizia representante de Deus aqui na Terra e que tinha um propósito na vida dele.

Ganhar o máximo de almas para o Senhor Deus. Para tanto, ele precisava da ajuda de todos, por isso estava pedindo que as pessoas lhe enviassem uma quantia em dinheiro, para que ele pudesse permanecer com aquele programa no ar e continuar ganhando almas. Embaixo na tela aparecia o número da conta e a quantia que deveria ser enviada; uma tarjeta passava pela tela onde se lia, "salve uma alma das garras de satanás, faça sua doação". Ao ler essas frases, ela gelou e começou a ter um pouco de tontura, passou pela sua cabeça tudo que havia sofrido com seu marido nos tempos em que ele estava desequilibrado mentalmente por conta de uma seita religiosa. Ela teve um momento de pavor, mas preferiu não bater na porta, acabou voltando para sua casa em pânico porque estava sendo construída uma imensa igreja, e justamente o cidadão que se dizia ser um enviado de Deus era o dono da suntuosa construção que se desenvolvia na cidade.

Ana se desesperou com tudo aquilo e, ao chegar à sua casa, pegou o telefone e ligou para seu filho Augusto, que residia em Santos. Ele pediu que ela se acalmasse e ficasse de olho nas atitudes do pai. Depois de conversarem sobre o assunto, combinaram que qualquer mudança de comportamento em Sinésio deveria ser comunicada ao filho para tomar providência e administrar algum medicamento.

Ao desligar o telefone, ela entrou em contato com o outro filho, Cadu, que residia junto com eles no sul de Minas Gerais, mas que estava trabalhando em outro ponto da cidade, e contou o que havia presenciado.

Ana se aprofundou nos detalhes, pois com o filho caçula sentia-se mais à vontade para expor preocupações. Ele perguntou se havia notado alguma mudança em seu pai, e se ele tinha saído da rotina a ponto de causar alguma suspeita. Aconselhou-a a verificar os extratos bancários, a fim de coibir qualquer tipo de depósito ou transferência de valores elevados, e se encarregou de verificar isso pessoalmente. Porque tanto Sinésio como Cadu e Ana tinham as senhas das contas bancárias, e ambos formavam o conselho de administração das empresas.

Naquela semana, Ana e Cadu vasculharam as contas bancárias e não detectaram nenhum movimento fora do normal; passaram a semana em contato e monitorando mais sistematicamente o movimento bancário. No fim de semana, Sinésio não quis vir a São Paulo, falou que fora convidado para uma reunião com alguns políticos da cidade e por esse motivo ficaria em Minas no fim de semana. Era o dia de Cadu visitar seu irmão, e assim ele e sua mãe viajaram a fim de conversarem com Augusto sobre o encontro de seu pai com aqueles sujeitos da igreja, que mais pareciam lobos à espreita que líderes religiosos.

Uma preocupação tomou conta da família: se Sinésio retornasse à igreja, o que poderia acontecer? Envolver-se outra vez com estelionatários? Sim, era isso que aconteceria, porque a igreja que estava sendo construída na cidade era desse senhor que prega por aí que é enviado de Deus, autointitula-se apóstolo do Cristo, promete milagres e os vende a altos preços, portanto era preocupante para a família que Sinésio retornasse à igreja.

Nas Garras do Inimigo

No fim de semana aconteceu um trabalho espiritual na casa de Augusto, no qual foi revelado que todos deveriam ficar atentos porque estava se desenhando um cenário desfavorável para a família de Sinésio. Era um trabalho que tinha sua origem em camadas bem pesadas do mundo etéreo, portanto todo cuidado era pouco, porque iria atingir o patrono da família, ou seja, quem estava cobrando a dívida tinha direito e, quando o cobrador tem direito, pouco se pode fazer para que a cobrança não chegue ao endereço certo. Essa é a lei, cobra quem tem algo a receber, quem está devendo não tem muita opção, tem de pagar sua dívida para ficar livre de cobranças e assim não atrair mais para perto esse tipo de companhia.

De posse dessas informações que acabaram de chegar do mundo etéreo, trazidas pelo guardião de Isabela, Augusto, Cadu, Ana e a própria Isabela armaram um esquema para enfrentar as forças que já haviam começado a agir em meio à família.

Sinésio há tempos atrás havia praticamente falido por ter doado todos seus bens para uma instituição religiosa; na época, ele provocou um caos em seu ambiente familiar, e sua esposa com muita determinação o havia recuperado moralmente. Ela reiterava para seus filhos que havia sofrido muito e não pretendia ver a história se repetir. Precisavam agir rápido, porque a religião era o ponto que desequilibrava seu marido.

De comum acordo, os dois irmãos já trocaram as senhas do banco e bloquearam os cartões bancários que se encontravam em posse do pai. Quando conferiram os extratos bancários do mês, detectaram uma transferência de bom volume de dinheiro para uma conta estranha, que ao ser rastreada foi identificada como de propriedade de uma imobiliária da cidade.

Cadu estranhou o movimento financeiro sem seu conhecimento, pois não haviam comprado imóvel; também foram encontradas várias transferências para outra conta, só que em menor valor, mas que somados todos formavam uma boa e considerável quantia, rastreada durante a semana. Com esse movimento feito no banco por seu pai, a empresa já somava no mês um bom prejuízo. Começava outro drama na família que tanto sofreu com a trajetória de Sinésio pelo mundo das igrejas evangélicas, quando praticamente foi à falência, trabalhava apenas para pagar os dízimos e os desafios que tivera de enfrentar para que Deus o ouvisse e o aceitasse como filho.

Ana e Cadu resolveram voltar a Minas um pouco mais cedo do que o previsto, a preocupação tomou conta da família. Augusto e Isabela ficaram muito preocupados com Ana, pois sabiam que ela já não tinha mais o mesmo vigor físico da época em que Sinésio se envolveu pela primeira vez com os estelionatários da igreja em São Paulo. Temiam que ela endurecesse de vez com o marido e cumprisse o que sempre dissera, que não aguentaria mais passar pelo que havia passado e tomaria uma atitude drástica a ponto de pedir separação. Em certo momento da conversa entre Augusto e Isabela, eles até cogitaram a hipótese de interditar Sinésio, para que ele não destruísse tudo o que construiu, doando para a igreja o patrimônio da família. Para isso bastava Augusto emitir um atestado de insanidade e qualquer juiz daria parecer favorável à família, mesmo porque Sinésio já tinha histórico de problema mental e, sendo Augusto um psiquiatra e filho do paciente, ficava um pouco mais fácil para a família conseguir ganhar um mandado de segurança. Augusto estava decidido a fazer isso e para tanto precisava do aval de Ana e de seu irmão Cadu.

Dona Ana e o filho se encontravam bem próximos às Minas Gerais quando o telefone tocou; era Augusto. Ele pediu que o irmão deixasse o aparelho em viva-voz e expôs para eles seus planos para o caso de seu pai insistir em fazer doação para a igreja e colocar em risco a estabilidade financeira da família. Mesmo porque ele não tinha construído tudo que tinha sozinho, então não era justo que todos pagassem um preço tão alto por conta do desequilíbrio de seu pai. Augusto pediu a orientação de seu irmão e de sua mãe, que eram as pessoas que conviviam muito com seu pai, porque ele era casado há bastante tempo e morava longe.

Cadu pediu que o irmão esperasse até a semana seguinte, porque ele precisava fazer um levantamento junto ao gerente do banco para saber como tinha liberado um volume tão alto de dinheiro sem consultá-lo. Mas isso ele teria de falar primeiro com o pai, queria sentir como estava o raciocínio dele; aparentemente não dava para desconfiar de nada, então ficou acertado entre os três que tratariam do assunto sem colocar Sinésio em situação difícil, mesmo porque para eles o mais importante no momento era isolar qualquer possibilidade de confronto com ele.

Sabiam também que não seria fácil a abordagem e também a reação dele em relação à igreja, porque esse assunto para

Sinésio se tornara muito difícil de lidar e, se perguntavam alguma coisa a respeito, ele logo dava um jeito de se distanciar do assunto e misturar uma conversa qualquer, deixando bem claro que aquele papo não evoluiria se dependesse dele. Tanto Cadu como Ana e Augusto tinham conhecimento desse jeito que Sinésio tinha de lidar com o assunto religião, e era por conta disso que as dificuldades aumentavam para eles.

Era um grande obstáculo essa maneira que ele achou de lidar com sua maior decepção, mas foi esse modo que ele encontrou para manter a família longe de qualquer atitude dele em relação à igreja. De qualquer modo eles estavam sintonizados e certamente achariam a maneira mais fácil de lidar com essa dificuldade que repentinamente voltara ao seio da família, só que dessa vez Ana não estava só. Cadu já era moço, ela podia conversar com ele sobre qualquer assunto e ainda havia Augusto e Isabela que também abraçaram a causa antes mesmo de ser perguntado a eles se podiam ajudar. Adiando os planos de terem filhos.

Ela sabia que passaria por novo martírio, em seu íntimo sentia arrepios só de lembrar-se de quantas consultas fez ao psiquiatra com seu marido e de quantas vezes teve de pedir ajuda para sua amiga umbandista, pessoa que a levou para conhecer um templo de umbanda, religião que Ana abraçou como seu ponto de equilíbrio e nunca mais enfraqueceu em sua fé.

Depois do telefonema, enquanto Cadu dirigia seu automóvel em direção ao sul de Minas Gerais, sua mãe com os olhos fechados, concentrada em suas orações, rememorizava tudo que tinha ouvido do mentor de Isabela e, como que se preparando para mais uma batalha, dizia em seu íntimo "vou vencer mais uma das minhas lutas". Entraram finalmente na pequena cidade mineira e pouco tempo depois estavam em casa. Quando chegaram e entraram, encontraram Sinésio reunido com dois homens, os quais eles não conheciam. Imaginaram pelos trajes que usavam que se tratavam de membros de alguma igreja e deveriam ser da cúpula, a julgar pelos carros de luxo que estavam estacionados em frente da casa. Sinésio não esperava a volta rápida de sua família, por isso havia convidado os donos da nova igreja para uma reunião em casa. Cadu logo reconheceu um dos senhores engravatados que estava em sua casa: era um dos fundadores da seita que estava construindo uma gigantesca sede na cidade. O homem estava usando botas e chapéu, mais parecia um fazendeiro do que um líder religioso. Ao serem apresentados, Ana cumprimentou o líder da seita com um salve.

O jovem acompanhante do grande líder se dirigiu a Ana e a cumprimentou com um "a paz do Senhor, irmã", o que foi retrucado pela dona da casa com "não sou da sua igreja, sou umbandista graças a Deus". Os dois cidadãos não deram nenhuma atenção ao comentário de Ana, afinal eles não estavam ali para discutir religião; não é de nenhum interesse deles as religiões, basta que haja alguém disposto a fazer suas doações, e é somente isso que os interessa.

Logo após as apresentações, Ana saiu da sala com um pouco de enjoo, pois a presença daqueles dois seres em sua casa não lhe caíra bem. Ela resolveu que pediria explicações ao marido sobre a presença daqueles cidadãos, porque ela conhecia um deles e sabia que não era gente do bem, não passava de um larápio do qual ela queria muita distância. Resolveu que sua casa não serviria mais de sala de reunião para aqueles figurões da tal igreja que oferecem o céu para as pessoas em troca de gordas doações, e que somente sabem oferecer, mesmo porque não têm nada para entregar, a não ser decepção ou sequelas irreversíveis como a outra igreja deixou em seu marido. Pelo andar das coisas, essa outra agora veio para acabar o serviço que fora começado.

Cadu também se retirou logo após cumprimentar os dois cidadãos e foi conversar com a mãe que estava na cozinha fazendo um café. Ao chegar e se aproximar dela, percebeu que ela chorava disfarçadamente; ele a abraçou e tentou consolá-la com palavras de apoio, mostrando-lhe que dessa vez ela não estaria sozinha. Havia ele e Augusto para tomarem a frente e também lhe oferecer pleno apoio a qualquer que fosse a decisão que ela viesse a tomar. Enquanto mãe e filho conversavam, os dois homens resolveram que já era hora de ir embora.

Saíram da casa com a promessa de seu Sinésio se empenhar ao máximo na construção da imensa sede que estava sendo erguida na cidade. Os dois também fizeram suas propostas para ele, como um bom cargo na direção da igreja e apoio político caso ele resolvesse concorrer a uma vaga na câmara municipal. Enfim, foi costurada uma aliança entre Sinésio e o líder da igreja que se espalha pelo Brasil e alguns países do mundo, especialmente onde educação, cultura e desenvolvimento não chegaram ainda. Despediram-se dele, pegaram seus carros e foram em busca de outras vítimas, porque aquela aparentemente já estava dominada.

Saíram, mas deixaram seus mentores do mal para consolidarem suas ideias e dominarem os pensamentos do dono da casa. Porém, só aparentemente, porque o que eles não sabiam é que, enquanto eles estavam na casa de sua mais nova presa, tinha uma família inteira se organizando para enfrentar o poder de persuasão das raposas daquela instituição maldita.

Enquanto os representantes da seita se dirigiam para outra casa, no lar do senhor Sinésio, dois espíritos envolvidos com as sombras e contratados para destruir o dono daquela casa se entranhavam lá, sem respeitar o lugar ou a privacidade de ninguém, intuindo sua vítima a fazer novas doações que o levaria aos céus.

As Explicações de Sinésio

Ana não estava para conversa. Quando Sinésio entrou na cozinha foi logo o inquirindo sobre aquela visita indesejada que estava em sua casa, queria saber que tipo de negócio ele queria com aquela gente e deu um ultimato, não queria ver mais aqueles caras sem escrúpulos adentrarem sua residência, nem sua empresa, nada que lhe pertencesse.

Sinésio se viu completamente acuado por sua esposa, que ele jamais vira com tamanha determinação. Ela falava firme olhando em seus olhos, e ele praticamente não tinha tempo de respirar. Quando tentava falar alguma coisa, era interrompido pela esposa com outro bombardeio de palavras fortes contra a visita que encontrou em sua casa, ameaçando até trocar o sofá para não sentar no mesmo lugar em que haviam sentado os donos da igreja. Para ela, aquela gente não era digna de sequer conhecer sua casa.

Cadu, sentado à mesa, não reconhecia sua mãe, jamais imaginou que ela fosse capaz de reagir de maneira tão decisiva a um assunto. Ele se manteve calado sem ousar falar nada, mesmo porque sua mãe estava coberta de razão, seu pai tinha traído a confiança dela outra vez e, pior, foi pego em flagrante. Depois de falar a verdade para seu marido e expor seu descontentamento com ele, ofereceu-lhe um café.

Sinésio aceitou e olhou para o filho meio sem graça, deu um sorriso pálido e perguntou como tinha sido a viagem deles e como estavam Augusto e toda a família da praia; depois, tentou conversar com sua esposa, que não quis dar continuidade ao assunto, ainda estava muito irritada e preferiu se retirar. Ficaram à mesa Cadu e seu pai; o rapaz perguntou ao pai que tipo de negócio ele estava fazendo com aqueles homens e por que os levou a sua casa e não ao escritório. Seu pai ficou meio confuso na hora de responder às perguntas, ainda estava assustado com a reação de sua esposa, e não respondeu nada ao filho, apenas pedindo que ele fosse conversar com a mãe e tentasse acalmá-la. Ele não queria que sua baixinha ficasse brava com ele, depois iria explicar tudo certinho para ela sobre os negócios que estava fazendo com os religiosos.

Aproveitando que o pai estava ali à sua frente, Cadu pediu explicações sobre as movimentações financeiras que havia descoberto. Sinésio se enrolou um pouco para explicar ao filho sobre as doações, disse que havia estado na igreja em São Paulo e Deus lhe revelara que uma obra precisava de sua ajuda na cidade; Cadu quis saber mais sobre essas revelações e perguntou como esse deus havia falado com ele. Seu pai então explicou que fora por intermédio do pastor, que naquele dia pregava o culto. Seu filho perguntou se o pastor era um daqueles que estava em sua casa e Sinésio respondeu que era o de chapéu.

Como esse homem soube que o senhor morava nesta cidade?

– Foi um irmão quem me levou à presença dele logo após o culto e o pastor me falou que Deus lhe havia revelado que uma pessoa daqui desta cidade o visitaria ainda naquele dia; essa pessoa era eu, meu filho. Mas eu também senti esse chamado, e além do mais esse homem tem um poder incrível, só você falando com ele para sentir a força divina que o acompanha.

Cadu ficou pasmo com o que acabara de ouvir; seu pai não estava bem, seu raciocínio estava desordenado, e somente agora se dera conta de que aquelas viagens que seu velho fazia a São Paulo a negócios não eram bem negócios. Para ele tinha muita coisa aí para ser descoberta.

Aproveitou e questionou o pai sobre a compra de um imóvel na cidade sem seu conhecimento. Sinésio empalideceu e quis desconversar argumentando que o valor do imóvel era insignificante perto dos lucros que tinha com seus negócios e, portanto, aquilo era uma pequena contribuição para a igreja, a qual não tinha dinheiro para comprar um imóvel na cidade onde precisava fazer a obra de Deus. Ele se sentia um privilegiado por ter sido escolhido para ser um membro da obra do Senhor, portanto não queria mais falar sobre o assunto. Retirou-se da cozinha deixando seu filho muito preocupado com tudo que acabara de ouvir.

Ele resolveu deixar o assunto para o dia seguinte e, antes de qualquer atitude que viesse a tomar, precisava conversar antes com seu irmão e sua mãe, mas pelo que acabara de ouvir de seu pai a coisa seria um tanto quanto complicada. Seu velho estava tendo um pouco de variação em seu raciocínio, mas quem teria de ver o que poderia ser feito era Augusto, mesmo porque o psiquiatra da família era ele.

Cadu se levantou da mesa e foi procurar sua mãe, que já havia saído do banho e estava na sala assistindo à televisão. Ele se sentou ao lado dela e aí começaram a conversar sobre a visita daquelas duas raposas à sua casa. Ana estava irritadíssima com o marido e condenou veementemente sua atitude de esperar que ela saísse para trazer aquela gente sem escrúpulo para dentro de sua casa; falou para seu filho que, se acontecesse de seu pai trazer aquela gente outra vez, os expulsaria e, se Sinésio não aceitasse, também sairia. Cadu jamais viu sua mãe tão brava e determinada a combater alguma coisa como estava decidida a lutar contra aqueles senhores engravatados.

Ele começou a relatar para sua mãe um pouco da conversa que tivera com o pai e já adiantou para ela que não havia gostado da postura dele.

– Ao que tudo indica, ele parece que está bem envolvido com essa gente da igreja.

Ana reagiu dizendo que ele ficasse sozinho com eles ou com quem quer que fosse, porque não estava mais disposta a enfrentar as peripécias de seu marido e fingir que nada estava acontecendo:

– Se ele quer ficar junto com essa gente, que fique, mas eu não ficarei.

Cadu pediu que ela se acalmasse um pouco até ele conferir com o gerente do banco as movimentações financeiras do pai e, se fosse necessário, eles o interditariam e pronto. Ana explicou que a questão não era por conta de dinheiro, e sim pelas dificuldades que já havia passado com seu marido, quando ele teve problemas neurológicos por conta do fanatismo e tomou medicamentos por longo tempo.

Ela não queria que ele passasse por todo aquele sofrimento novamente sem necessidade.

Enfim, resolveram que qualquer atitude somente seria tomada depois que o gerente lhes passasse uma lista das contas para as quais foram feitas as transferências. Muito provavelmente haveria mais de uma conta e certamente seria da igreja que estava sendo construída na cidade, por aqueles caras que mais pareciam políticos que pastores evangélicos.

Depois que conversou com Cadu, Ana ficou mais calma e resolveu se aproximar de seu marido, que, ao vê-la entrar no quarto, empalideceu e foi logo procurando dar explicações sobre a visita que recebera em casa na ausência dela.

Sua esposa não quis falar sobre o assunto com ele e preferiu adiar para outro dia. Sinésio deu um "ufa", nunca tinha visto sua esposa tão brava. Enfim, ele tinha planos de concorrer a uma vaga como vereador e via a possibilidade de se eleger facilmente, ainda mais se tivesse o apoio daquela instituição. Aí sim, ninguém o venceria, porque ele já contava com o apoio de boa parte da classe política da cidade e agora, com os votos de seus irmãos de fé, seria eleito sem sombra de dúvida, quem sabe até uma vaga como deputado federal?

Sinésio estava vislumbrado com tudo o que poderia acontecer em sua vida depois que ficasse conhecido em todo o Estado de Minas Gerais; encantava-se com a ideia de ser um dos representantes da Igreja no Congresso Nacional. Teria seu nome estampado em todos os jornais do Brasil e todas as sedes da instituição falariam sobre ele. Perdido em seus planos políticos e suas realizações pessoais, não se deu conta de que já eram altas horas e precisava jantar, uma vez que aqui seu almoço não tinha sido dos melhores, mesmo porque não fora feito por sua baixinha. E resolveu sair à caça do jantar na cozinha, onde encontrou seu filho e esposa concluindo o que ele estava procurando. A família sentou-se à mesa e o jantar dessa noite foi um pouco silencioso, enquanto ele se deliciava com a ideia de ser um político conhecido em seu estado e representante de uma bancada.

Nesse momento um vulto sombrio de aparência horripilante se aproximou dele e roubou-lhe uma grande porção de energia vital. Ele acusou o golpe e se sentiu um pouco cansado; imediatamente outro ser das trevas se aproximou e tirou também uma boa quantidade de energia. Ele sentiu um sono intenso e dispensou o jantar.

Enquanto ele estava deitado, um dos seres encostou ao seu lado e começou a intuir-lhe e chamar sua atenção para os cargos políticos que poderia assumir.

Sinésio adormeceu e teve um sono intenso, mas, ao dormir, ele sonhou algo muito estranho que envolvia sua família. Ele acordou suado e muito agitado. Alguma coisa mudou na vida da família a partir daquele momento, alguma coisa de muito séria começou a acontecer.

Um Sonho Estranho

Logo que Sinésio dormiu, um dos espíritos das trevas que estava em sua casa, a mando de um mago negro, o transportou para uma dimensão inferior. Colocou-o sentado diante de uma tela que se localizava na parede; a tela se assemelhava a um fio de cristal e não era possível ser observada quando não estava ligada.

A casa do feiticeiro era uma suntuosa mansão, tinha muitos escravos e serviçais que ganhavam alguma gratificação por trabalhos prestados. O espírito mandou que Sinésio aguardasse a visita de seu chefe em breve, o que não aconteceria, pois era um ambiente de muita hostilidade e mentiras. Enquanto esperava, ele tomava uma bebida e assistia a um filme tranquilo, que na verdade era uma ilusão para desestabilizar seu estado mental.

Ao mesmo tempo em que ele assistia àquelas imagens bonitas de uma praia limpa e harmoniosa, ele apareceu em outro ambiente que se parecia muito com seu escritório. Dentro dessa sala estavam seus dois filhos, que pareciam discutir um assunto muito importante. Ele gritou para eles, mas não foi ouvido, e nesse momento ele começou a ouvir o que conversavam.

Seus filhos estavam sendo representados por dois clones desenvolvidos especialmente pelo mago negro; estavam combinando tomar tudo o que ele tinha adquirido: empresas, sua casa, sítio, enfim, tomariam tudo e o colocariam em uma casa para doentes mentais.

Sinésio ficou enfurecido com seus filhos, gritava com eles e procurava sua esposa para reclamar e pedir que ela intercedesse para que não fizessem aquilo; aos berros eles andava de um lado para outro dentro da sala. Logo em seguida, ele se achava dentro da sala onde assistia novamente a outro filme.

Ele assistia a um noticiário e de repente um casal, cujo homem era mais jovem, passeando de mãos dadas pela rua fora abordado por um repórter, que teve interesse em saber um pouco da história deles.

Sinésio ficou extremamente furioso quando reconheceu a mulher como sua esposa e começou a esbravejar em voz alta dentro da sala. Ele estava revoltado com tudo aquilo que estava acontecendo, sua família estava traindo-o e isso ele não suportaria.

Ele começou a se lamentar e maldizer aquela situação. Estava extremamente fora de si aos berros dentro da sala, chamava alguém para abrir a porta, queria sair daquele lugar, precisava ir à igreja, pelo menos lá ninguém o trairia; precisava encontrar o apóstolo e relatar o que estava acontecendo.

Ninguém apareceu para abrir a porta, não havia saída. Apenas escutou uma forte gargalhada e acordou suado, tremendo, com muita sede, sentindo uma angústia imensa tomar conta dele.

O feiticeiro Hamek é um dos maiores especialistas do baixo etéreo nesse tipo de procedimento, perturbar a mente de suas vítimas para dominá-las facilmente e conseguir atingir seu objetivo.

Logo em seguida Sinésio voltou a dormir, e novo sonho atormentava sua mente. Dessa vez ele foi levado para um salão de festas, que ele conhecia bem. Era uma boate e, nesse lugar, já à sua espera, se encontravam duas secretárias do mago negro.

Elas haviam recebido a incumbência de destruir tudo o que ele construísse; a partir daquele momento elas deveriam trabalhar para que a vida dele não tivesse mais prosperidade.

Quando ele entrou no lugar acompanhado de um dos obsessores que estavam infiltrados em sua casa, uma das moças se aproximou e começou a se insinuar e esfregar seu corpo no dele freneticamente.

No começo ele ficou sem graça, mas depois foi se acostumando com a situação e foi cedendo aos poucos ao assédio da moça.

Pouco tempo depois a outra secretária do mago se aproximou e também começou a agir da mesma maneira que a primeira.

Já quase dominado pelo teor da bebida e encantado com a beleza das moças, Sinésio esquecia completamente do sonho anterior. Ele estava acostumado com esse tipo de procedimento promíscuo, era comum ele frequentar boates de sexo explícito e fazer programas com várias mulheres em uma noite. Para ele nada daquilo era novidade, era um espírito viciado, que nunca respeitara seu casamento. Foi exatamente por isso que, ao se envolver com uma jovem, fazer-lhe juras de amor e lhe prometer casamento, ele estava metido nessa situação, uma demanda de grande proporção. A moça era muito ingênua e virgem quando o conheceu. Ele lhe escondeu que era casado e a iludiu ao sexo, tirando máximo proveito; abandonou-a, privando-a do sonho de constituir uma família com ele. Sua mãe, inconformada com a atitude dele, procurou um feiticeiro e pagou para que ele destruísse toda e qualquer possibilidade de Sinésio ser feliz com outra mulher.

Depois de uma intensa troca de carícias entre ele e as duas moças, foi colocado de volta à sua casa. Acordou bruscamente com muita sede, parecendo ainda sentir o perfume que as moças de Hamek usavam; começou a se afastar de sua esposa, porque o perfume era tão forte, que ele tinha certeza de que ela sentiria a fragrância. Aquele não foi um dia normal para ele, pois logo cedo teve de resolver alguns problemas com os clientes que alugavam suas máquinas agrícolas; alguns estavam com pagamentos atrasados e ele precisava do dinheiro para fazer as doações que havia prometido aos figurões da igreja.

Ficou o dia se esquivando da esposa e do filho, o perfume era insuportavelmente forte e ele não conseguia se alimentar com aquele cheiro tomando conta de seu olfato e paladar. Não conseguiu trabalhar o dia normalmente, teve de ir embora para sua casa, tomar um banho e tentar se livrar daquele perfume.

Ele fez tudo que estava ao seu alcance, mas não adiantou, o perfume continuava a assolar seu olfato. Percebeu que ninguém sentia o cheiro, somente ele, e ficou mais tranquilo quando cumprimentou sua esposa e ela não reclamou de nada.

Enquanto ele estava às voltas com aquele perfume que o sufocava, os obsessores que haviam invadido sua casa transitavam livremente pelas dependências da residência, exceto no quarto do casal, que tinha um campo de força que não permitia a eles nem sequer observar o ambiente interno do leito.

Nessa noite ele não quis jantar nem esperou sua esposa para irem juntos ao quarto, como faziam sempre; estava muito cansado, queria dormir mais cedo. Logo ao adormecer foi levado àquela sala onde supostamente seus filhos tramavam contra ele.

Em seu entendimento não havia passado o dia, tudo era muito real e ele não se lembrava de nada, a não ser que tinha encontrado duas mulheres e que agora precisava se proteger dos filhos traidores. Ele se aproximava da parede para se fazer notar por eles, mas nada acontecia e a cada instante ele ficava mais revoltado. Quando ouviu que seria internado em um hospital psiquiátrico, investiu em direção aos filhos, chocando-se com a parede transparente e caindo para trás. Nesse momento se aproximou dele um dos dirigentes da igreja que havia estado em sua casa e o pegou pelo braço; gentilmente o acalentou com um forte abraço e dirigiu-lhe palavras de afago pedindo que ficasse calmo, pois estava nas mãos de um homem de Deus. Sinésio foi se acalmando aos poucos, mas não se conformava com os filhos por estarem lhe traindo.

Nesse instante foi conduzido para outra sala e colocado diante de outra tela, a qual transmitia um evento esportivo que ele não conhecia; parecia com futebol americano, mas na verdade era uma seção de tortura. Os espíritos eram arremessados uns contra os outros para provocarem a liberação dos resquícios de ectoplasma que ainda carregavam algum tempo após o desencarne; esses seres eram chicoteados, pisoteados, arrastados e jogados em uma espécie de vagão de trem para serem levados para suas celas, perfeitas réplicas dos campos de concentração que existem na crosta terrestre.

Esses espíritos eram os chamados feiticeiros, que se envolveram em trabalhos de magia negra para destruir a vida e mudar o destino de algumas pessoas; receberam gordas quantias em dinheiro para fazer isso, mas, ao desencarnarem, têm de prestar contas e, conforme lhes é avisado antes de concluírem os trabalhos de feitiçarias, tornar-se-ão escravos do mago chefe da falange que executou tal demanda. Não importa se surtido o efeito desejado ou não, vale lembrar que as pessoas que pediram e pagaram por esses trabalhos também estão no meio daqueles espíritos que receberam, pois não existe corrupto sem o corruptor.

Sinésio entrou em pânico assistindo àquelas cenas. À certa distância era observado pelo espírito do feiticeiro que desenvolvera o trabalho de magia negra contra ele e precisava eliminá-lo do mundo físico, mas antes teria de fazer com que ele doasse todo seu patrimônio para aquela instituição religiosa. Ele foi submetido a uma seção de condicionamento psicológico. Enquanto estava em pânico com as cenas que acabara de assistir, Sinésio foi transferido para outra sala, onde o procedimento era o mesmo, porém as imagens projetadas em sua mente eram diferentes.

Nesse ambiente reinava a paz e a tranquilidade de um imenso templo que ele conhecia muito bem. Não havia perturbação nem espíritos sofredores, eram todos muito suaves em seus discursos, mas às vezes ele era arremessado violentamente para a outra sala e assistia a um pouco da tortura aos espíritos feiticeiros.

Retornava suavemente para o templo, recebia a interferência do mago negro em seu pensamento, para que doasse todos seus bens para aquela instituição, antes que seus filhos tomassem tudo e ainda o internassem em um hospital psiquiátrico. Para garantir que seu feitiço tivesse sucesso, Hamek implantou um microtransmissor no corpo astral de Sinésio, onde todos seus movimentos eram controlados por sua central de monitoramento, estacionada em um posto entre a segunda e a terceira dimensão umbralina. O microchip continha todas as informações genéticas e psíquicas de Sinésio e toda sua família, sendo instalado junto à glândula hipófise, na qual fica nosso campo de informação celular. Teoricamente, ele teria todo o controle sobre os movimentos de sua vítima.

Já era manhã na cidade e a população começava a se movimentar. Algumas pessoas rumavam para seus trabalhos braçais, outras se dirigiam para suas lojas, outros se ocupavam com seus afazeres domésticos, alguns, como Cadu, já ocupavam seus lugares em seus escritórios, mas Sinésio ainda dormia profundamente.

Ana estava com a mesa do café posta e resolveu acordar o marido para o desjejum, achando muito estranho ele ainda estar dormindo; nunca se levantava por último. Quando entrou no quarto e se aproximou, ele já estava acordado, mas em sua expressão havia alguma coisa diferente. Ele estava pálido e com um olhar muito distante, estava fixado em sua memória o sonho em que seus filhos o trairiam. Ela perguntou o que estava acontecendo, mas não obteve resposta; ele simplesmente levantou, trocou-se e saiu para o trabalho.

Ao deixar sua casa, um dos obsessores o acompanhou, pois havia recebido ordens de seu chefe, que era hora de intensificar o trabalho. Agora que Sinésio estava com o microchipe implantado, era vigiado, intuído e assediado todo tempo. Durante o percurso, o espírito que o estava obsediando intuía-o a tirar seu filho Cadu do comando dos negócios, mandando que agisse rápido antes que este e o irmão o traíssem, tomassem seu patrimônio e ainda o internassem como louco. Criando uma imagem muito negativa dos filhos na mente de sua vítima, o espírito esperava com isso que seu trabalho fosse mais fácil.

Observando a distância e acompanhando todo o trabalho dos senhores das sombras, um guardião de lei preparava sua falange para repelir possíveis ataques vindos dos sombras negras à família de Sinésio. Vale lembrar que os obsessores não notavam que estavam sendo vigiados; eles não podem ver os espíritos de luz, por isso achavam que estavam reinando soberanos sobre aquela situação; para eles, o trabalho estava fácil.

Quando ele chegou ao escritório, Cadu já o esperava e estava com o relatório que o gerente do banco havia entregado. Quando foi confrontado com os números, Sinésio se exaltou com o filho, saiu batendo a porta e esbravejando contra o gerente, que, a seu ver, não podia passar suas informações pessoais aos seus filhos. Cadu o chamou de volta ao escritório, precisavam conversar e teria de ser naquele dia. Porém seu pai não queria falar sobre o assunto, disse que o dinheiro que deu era dele e ninguém podia impedir que doasse seus bens para a obra de Deus, nem mesmo seus filhos e esposa; eles deveriam era seguir seu exemplo e contribuir com a obra sagrada. Houve uma intensa discussão entre Cadu e seu pai, que foi muito comemorada pelo espírito zombeteiro que estava sentado na cadeira de Sinésio ditando o que ele deveria falar para seu filho.

O sombra negra levantou e se aproximou do rapaz, colocando a mão em sua cabeça para começar a dominar seus pensamentos também. Era o domínio total e absoluto da situação pelos seres das sombras. O moço ficou meio atordoado e quase caiu, sentiu que alguém estava pressionando seu corpo para baixo.

O ser das trevas estava bem à vontade dentro do escritório de Sinésio, o qual já havia dominado facilmente. Agora, para ele, era uma questão de pouco tempo dominar toda a família, mas sua sede estava mesmo voltada ao casal de espíritas, Augusto e Isabela. Com um sopro ele tirou o pai de dentro da sala, ficou com a mão na cabeça do rapaz por mais algum tempo, mas não entendeu como o ectoplasma que havia conseguido, sumira de sua mão. Ficou revoltado e teve um ataque de fúria destruindo e colocando fogo em papéis que estavam sobre a mesa do jovem, que, assustado, telefonou para sua mãe pedindo que ela fosse para a empresa.

Quando ela chegou ao escritório, ele estava esperando-a na porta. Seu pai havia saído para o banco, e ele contou para a mãe o que havia acontecido e resolveram ligar para Augusto. Os três estavam conversando sobre o assunto, quando trazido pelo espírito das trevas, Sinésio entrou na sala e quis saber sobre o que falavam e porque envolveram Augusto na conversa.

Ele quis falar com seu primogênito a sós, reclamou de tudo e pediu ao filho que não se envolvesse com a administração das empresas, mesmo porque ele não poderia contribuir com nada que resolvesse o problema. Seu filho tentou acalmá-lo e prometeu que não se envolveria. Nesse instante o espírito das sombras se aproximou de Ana e começou a interferir em seus pensamentos. Ela, sem pensar no que estava falando, começou a concordar com algumas coisas que seu marido falava. Cadu estranhou o comportamento da mãe e se retirou um pouco da sala para tomar uma água. Enquanto estava fora, o zombeteiro aproveitou para falar nos pensamentos de Ana e sugerir que seus filhos estavam armando um complô contra ela e seu marido.

Quando Cadu entrou na sala, encontrou sua mãe e seu pai abraçados sorrindo. Ele se assustou, não que isso fosse raro acontecer entre seus pais, que viviam sempre declarando amor um ao outro, o que ele estranhou foi como aquela situação tinha se invertido tão rapidamente. O rapaz fechou a porta do escritório de seu pai e saiu. Quando ele estava longe, uma das moças que tinha seduzido Sinésio duas noites antes foi chamada pelo ser das trevas. Aproximou-se de Ana e começou a irradiar sua energia extremamente sExualizada. Ana e Sinésio foram totalmente dominados pelo casal, que tirou o máximo de proveito daquele momento para colocarem seus desejos mundanos para fora. O escritório virou um ambiente hostil aos olhos de qualquer pessoa em sã consciência. Depois que os espíritos das trevas se satisfizeram e colheram uma boa quantia de ectoplasma, resolveram que agora era hora de assumirem totalmente o ambiente familiar de Ana e Sinésio. Depois de receber alguns comandos, o casal resolveu voltar para casa e continuar com a festa.

Os Sombras Dominam o Casal

Com o casal dominado, os dois sombras fazem da casa de Ana e Sinésio um ambiente completamente infernal. Ela se virou contra o filho e não permitia que ele questionasse o pai sobre nada. Começou a pressionar Cadu para que desbloqueasse as contas bancárias dele, pois não era justo proibir alguém de doar o que era seu por direito. O rapaz entrou em parafuso, não entendia como sua mãe tinha mudado de opinião tão rápido, tudo aquilo não tinha nexo, ele pensava. Telefonou ao irmão e expôs o que estava acontecendo. Ele já estava sabendo que alguma coisa acontecia na casa de seus pais, pois o guardião de Isabela já havia alertado sobre possíveis ataques das sombras à família. Augusto pediu que o irmão se acalmasse até o fim da semana, quando ele faria uma visita surpresa aos pais.

Cadu viveu uma semana de muitas dificuldades, e teve de conviver com a pressão da mãe para desbloquear as contas bancárias de seu pai. Nessa mesma semana eles receberam mais uma visita dos dirigentes da igreja, que queriam confirmar as doações de Sinésio.

Queriam saber como andava sua base eleitoral, pois contavam com uma vaga na câmara municipal da cidade, e somente ele era capaz dessa conquista. Não foi um almoço de que eles gostaram muito, mas, com o apoio de Ana, saíram da casa com a promessa de boas doações.

Logo que os homens foram embora, o casal foi conduzido para o quarto e submetido a mais uma seção de tortura sexual, eles eram totalmente dominados e explorados da maneira mais vil e deplorável pelos escravos de Hamek, que estavam quase dominando toda a situação. Só faltava eles dominarem Cadu para que a destruição daquela família fosse absoluta.

A casa da família havia se tornado um campo livre para as forças sombrias daquelas duas entidades maléficas. O casal, que antes daquela situação raramente tomava alguma bebida alcoólica, agora fazia uso diário delas.

Naquele dia, quando Cadu chegou à sua casa e se deparou com os pais embriagados, entrou em pânico, pois jamais vira sua mãe beber. Saiu extremamente irritado e foi telefonar para o irmão, que percebeu que a situação era bem mais complicada do que estava imaginando. Os dois conversaram um pouco sobre os negócios, e, naquele momento de tensão, o assunto predominante foi a situação em que se encontrava a família. Eles se despediram e, em seguida, Augusto telefonou para sua esposa, relatando os acontecimentos e se mostrando extremamente preocupado com seus pais.

Coincidentemente Isabela havia convidado um casal de amigos para um jantar, o que se daria naquela noite. Nesses encontros normalmente eles trabalhavam com a espiritualidade da esquerda. Tanto Augusto como Isabela e o outro casal frequentavam um centro espírita kardecista em Santos, litoral do Estado de São Paulo; foi em um desses jantares, na presença de Ana e Cadu, que o guardião de Isabela revelou que no baixo etéreo estava sendo costurada uma demanda para desestabilizar a família. Quando se encontraram à noite, Isabela estranhou seu marido, ele parecia não estar se sentindo muito bem. Quando questionado, teve uma crise de choro e não conseguiu falar sobre o assunto que tivera com o irmão, disse apenas que estava sentindo que alguma coisa de muito estranha estava acontecendo com seus pais. Como de costume, eles elaboraram o jantar juntos; Augusto reclamou que estava sentindo um pouco de tontura e arrepios, e, a seu ver, estava ficando gripado; mas sua esposa estava monitorando os movimentos dele e percebeu que não se tratava de doença nenhuma. Ela já havia identificado qual era o problema, pois de muito longe, sentado em seu trono, o grande amigo e guardião dela já havia lhe mostrado o que estava acontecendo em sua casa e também a orientou a não tomar nenhuma atitude que mudasse o cenário.

Com uma suave gargalhada o guardião tranquilizava sua filha:

– Deixa essa mocinha do escuro se divertir mais um pouco que estou precisando mesmo de algumas escravas aqui na minha mansão. Daqui a pouco te visitarei e trarei mais essa aí. Sou do bem sou do mal, sou macio como as doses do meu bom uísque, sou suave como a fumaça do meu charuto. Sou seu guardião, seu pai e protetor, sou Exu Veludo, filho meu não anda só, sempre estarei por perto em qualquer situação.

Quando o jantar estava pronto, o casal foi tomar um banho para esperar os amigos. Isabela percebia seu marido muito desconfortável durante o banho e perguntou intencionalmente se ele estava sentindo alguma coisa além da tontura. Augusto lhe respondeu que em algum momento parecia que alguém o estava acariciando, ambos sabiam que o ambiente familiar estava sendo perturbado, mas quando o marido tentou entrar no assunto, ela lhe fez um sinal para que não continuasse, apenas procurasse elevar seu padrão vibratório, para não se deixar dominar por tal situação. Ele entendeu e não continuou a conversa.

Saíram do banho, vestiram-se e foram montar a mesa do jantar. Estavam terminando quando a campainha da porta tocou; os amigos haviam chegado e, com eles, trouxeram belíssimos pratos de doces e uma caixa de charutos com sabor chocolate, pois sabiam da preferência do Exu Veludo por eles.

Nesse dia Isabela não iniciou o jantar com a oração de costume, apenas pegou uma vela branca e preta e acendeu no meio da mesa, colocou uma xícara com café e começou a se servir do jantar. Eles não podiam ver os acontecimentos dentro de sua casa, mas durante todo o tempo uma mulher de belíssimos traços movimentava-se entre eles e, sem nenhum pudor, também usufruía do jantar mesmo sem ser convidada. De vez em quando se aproximava de Augusto e lhe falava aos ouvidos, chamando sua atenção para os traços interessantes que tinha sua amiga; mostrava-lhe que eles formariam um par bem mais interessante do que ele e Isabela.

A mulher desencarnada resolveu que estava na hora de convidar um amigo para se divertirem juntos, ela queria promover uma festinha naquela noite. Imediatamente seu chefe, Hamek, lhe enviou um dos seus escravos especialista em desmanchar casamentos. Os amigos foram colocados em uma espécie de redoma do mal; Isabela foi intuída por seu Exu e pediu a todos que colocassem um pano branco no colo, e ela fez isso para que seus órgãos sexuais fossem isolados da ação dos sombras que estavam dentro de sua casa.

Os espíritos das trevas não podiam perceber quantos trabalhadores de luz já estavam naquela sala repudiando o trabalho que executavam. Naquele momento, mesmo que eles quisessem sair, não conseguiriam, o Exu Veludo já estava a postos, acompanhado de seus sete cavaleiros extremamente armados e prontos para executar qualquer ordem sua.

De uma colônia espiritual bem próxima à crosta, foi enviado um médico que cuidaria de Augusto logo após o fim dos trabalhos, porque o espírito feminino que havia se alojado na casa dele implantara-lhe um tumor maligno na região do pâncreas, o qual, em razão de sua agressividade, o levaria ao desencarne em no máximo meio ano terrestre.

Quando o jantar terminou, todos se levantaram para fazer a oração. Isabela falou que não era necessário naquele dia, simplesmente apagou a vela e agradeceu aos amigos pela oportunidade de estarem juntos novamente.

Quando a vela foi apagada, o espírito feminino subiu à mesa esbravejando contra a atitude da dona da casa e prometeu vingança; a chama ofuscou completamente a visão dos seres das sombras que não conseguiam sequer perceber que estavam sendo vigiados por, pelo menos, nove espíritos comprometidos com a lei e a ordem universal. O cheiro do café tomou conta deles de tal modo que perderam o sentido e a noção do tempo.

Terminado o jantar e já com tudo organizado, os quatro amigos começaram os preparativos para os trabalhos espirituais. Os habitantes das sombras perceberam e começaram a achar que a festa ia começar. Ao verem os médiuns colocando as bebidas na mesa e os charutos, saltitaram pela sala já comemorando a vitória. Para eles, era mais um casamento destruído.

O espírito sombrio feminino já se antecipou e ficou seminu, estava pronto para se divertir; exemplo seguido por seu companheiro de crime; porém, enquanto eles se preparavam para aproveitar a festa, Exu Veludo orientava seus subordinados de como deveriam tratar os desordeiros.

Com o sistema de defesa armado, sua equipe pronta para reagir a qualquer invasão do ambiente, Veludo se comunicou com sua médium e a intuiu a dar início aos trabalhos.

Já passava das 22 horas quando os amigos se concentraram e Isabela fez um suave movimento para trás e parou como se estivesse brincando de estátua. Augusto se aproximou e ofereceu bebida ao espírito incorporado, que o recebeu com uma aspereza que jamais imaginou receber de um desencarnado. Ele se conteve e, calmamente, como fazem os médiuns kardecistas, tratou o espírito como sempre tratara o guardião de sua esposa. Recebeu mais uma advertência, o espírito retrucou o nome Veludo e disse não se parecer, nem querer ser comparado, a um idiota como aquele que o médium havia mencionado o nome.

Nesse momento Augusto deu meia volta e, quando se virou para o espírito que estava incorporado em sua esposa, já não era mais ele quem falava. Ouviu-se apenas um belíssimo palavrão.

– Agora você vai entender quem é idiota e vai aprender de uma só vez a respeitar e reverenciar o Exu Veludo –, e colocou o dedo indicador na testa da médium, apenas para que os viventes presentes entendessem o que estava acontecendo, e ordenou que um de seus cavaleiros cortasse a orelha esquerda do espírito que estava incorporado em Isabela.

Nesse instante ouviu-se um grito de dor apavorante da boca da médium. Veludo não conteve a risada e deixou sair algo assim:

– Ô, filho da puta, agora tu vai aprender quem é um Exu de Lei e como funciona um sistema carcerário no meu inferno. Mas antes vou deixar que se apresente a seu chefe sem uma orelha, depois mando te buscar. Tirem esse imbecil de perto de mim enquanto eu não mando cortar a outra.

Imediatamente pediu que sua menina fosse colocada sentada à mesa e lhe servissem água, porque ele deixaria o médium que estava usando como transporte e incorporaria em sua médium. Precisava fazer uma limpeza em seu corpo energético, então tomou seu uísque de uma vez e falou para Isabela que estava tudo resolvido em sua casa. Imediatamente ela se levantou e simplesmente não era ela. Augusto estava tomando um copo de água, quando o Exu o chamou, agradeceu pela oportunidade de tê-lo usado como médium de transporte e o convidou para uma boa dose de uísque e um charuto com essência de chocolate que acabara de ganhar do casal de amigos. Com os sombras presos, Veludo fazia o que ele mais gosta de fazer, trabalhar e se divertir ao mesmo tempo. Laroiê, Exu Veludo.

Depois que Veludo prendeu o espírito desordeiro e orientou seus cavaleiros a devolvê-lo sem a orelha para Hamek, mandou que levassem a mulher para sua mansão, sentou em uma poltrona confortável colocada especialmente para ele, chamou Augusto e explicou o que tinha acontecido em sua casa.

Aqueles dois estavam apenas se divertindo, portanto ele não precisava mais se preocupar com eles. Mas não podiam se descuidar, porque o chefe deles não ia sossegar enquanto ainda houvesse a menor possibilidade de concluir sua demanda.

Veludo e Hamek eram velhos conhecidos. Eles já tiveram vários embates: o Exu, na quebra de feitiços, e o outro, na costura deles. Depois que Augusto soube que o acontecimento daquela noite não passava de uma tentativa do mago negro de desestabilizar seu lar, resolveu que era hora de aumentar a vigilância em seus pensamentos e manter seu padrão vibratório em alta.

O Exu se levantou e pediu para a amiga do casal lhe servir mais um uísque. Ao receber o copo, tomou um bom gole, colocou a mão em sua testa e sarcasticamente soprou em seus ouvidos. Nesse momento, ouviu-se uma gargalhada. Era Maria Mulambo da Calunga que acabara de chegar; o Exu a reverenciou, tomou uma dose do uísque, deu uma baforada em seu charuto, serviu-lhe uma boa taça com um finíssimo licor e começaram a trabalhar na limpeza e defesa daquele lar, pois muitos fluidos negativos tinham sido deixados pelo casal de desordeiros de Hamek, que tinham se alojado lá nas últimas horas.

Augusto estava sentindo fortes dores de cabeça, a companhia indesejada da dupla de espíritos das sombras havia lhe consumido uma quantidade considerável de energia vital. Seguiam os trabalhos quando o amigo do casal recebeu a visita de um espírito que tinha sido mandado pelo mago negro responsável pela demanda que deveria destruir Sinésio. Veludo chamou Augusto e o orientou como agir diante da entidade maléfica, falou que precisava se afastar por um tempo, porque quem teria de conversar com tal entidade era Isabela. Tomou seu uísque de uma só vez e se afastou suavemente.

O Recado de Hamek

Já em seu estado de consciência, Isabela tomou um copo de água e recebeu as orientações que seu guardião havia deixado. Aproximou-se do espírito e quis saber quem era e quem o tinha mandado. Ele, por sua vez, respondeu que não estava ali para dar entrevistas. Nesse momento a Pombagira Maria Mulambo se apresentou e lhe ordenou a responder tudo que lhe fosse perguntado, sob pena de sair dali preso e ser deportado para o planeta de onde tinha sido expulso. Quando o desordeiro ouviu a voz da Pombagira, reviu sua decisão e começou a falar. Respondeu que fazia parte da equipe que tinha sido contratada para destruir a vida e a família de Sinésio. Quando perguntado sobre o que haviam recebido como pagamento, recuou e não quis mais falar. A Pombagira sabia o que eles tinham ganhado, mas não cabia a ela falar.

O espírito pediu uma dose de cachaça em troca de mais informações. Recebeu um charuto e a promessa de Mulambo que, ao fim dos trabalhos, se o Exu Veludo entendesse que ele merecia, certamente lhe serviria alguma bebida. O espírito se animou e começou a falar; no meio da conversa sua voz mudou, era Hamek dando seu recado pessoalmente.

– Por que você quer saber o que recebi? Por acaso eu me meto em seus trabalhos?

Ao ouvir tal frase, a Pombagira dá uma sonora e demorada gargalhada.

– Ora, ora, quem apareceu, por que demorou tanto? Quase que seu escravo estraga seu trabalho, não é, velho amigo? Ela sabia que ele estava a uma boa distância, pois não pôde mais pisar na crosta terrestre.

– Eu não estou aí e você sabe disso.

– Então vai ver seu escravo ser deportado para outro planeta, porque você sabe que ele vai dizer o que você recebeu e não lhe resta alternativa se não a de se dar por vencido e sair da vida dessa família de uma vez por todas – respondeu a Pombagira, que bloqueou a possibilidade de ele voltar a interferir na comunicação de seu escravo.

Ao continuar a conversa com o desordeiro, ela percebeu que ele havia recebido instruções do chefe para não dizer o que haviam recebido. Imediatamente ela desbloqueou a comunicação entre eles, para que o trabalho fluísse com mais veracidade. Hamek voltou a se comunicar com ela e lhe assegurou que o que fora feito para Sinésio não podia ser desmanchado, porque ele era devedor de quem o havia contratado. Ela reconheceu a situação de Sinésio, mas o questionou sobre o porquê de ele estar expandindo a demanda para toda a família, se quem o contratou especificou que era ele quem lhe devia.

O mago negro, sem ter como argumentar com ela, pediu-lhe que não deportasse seu escravo e ele cuidaria pessoalmente para que aquela família não fosse mais incomodada por nenhum sombra, nem dele, nem de outro feiticeiro qualquer.

Obteve como resposta que aquele trabalho era de responsabilidade do Exu Veludo e não poderia lhe prometer nada, ele teria de se acertar com seu homem.

O mago se irritou com ela e lhe garantiu que destruiria todos os membros da família de Sinésio, quisesse o Veludo ou não.

– Pode falar para seu macho que Hamek Hechmalak não negocia com Exu de lei.

Mulambo pegou o charuto das mãos do médium, bebericou seu licor, fumou mais um cigarro, deu uma baforada no charuto, pediu para Isabela acender e entregar para ele de volta. Quando ele pegou o charuto aceso, que ia levando aos lábios, ela interferiu e pegou-o de volta.

– Se você quiser fumar, primeiro terá de falar o que recebeu e o que quer para trabalhar em defesa dessa família.

O espírito resmungou, virou-se para trás, contorceu-se e falou para ela que não poderia fazer aquilo, porque Hamek não lhe perdoaria a traição. Mulambo deu uma gargalhada e quis saber se ele já tinha feito outra coisa que não trair seus superiores, portanto ele apenas estava seguindo seu curso normal, trair.

Mulambo passou a mão na cabeça dele e, com um gesto extremamente sensual, ordenou-lhe contar tudo que sabia para a filha do Exu Veludo; depois que terminasse, quem sabe, tomar uma dose do uísque de seu macho e fumar um de seus perfumados charutos. O espírito rolava pelo chão, com os olhos esbugalhados em cima do charuto, que tinha sido apagado de propósito pela Pombagira.

O espírito resistia à ideia de entregar seu chefe. Mulambo se aproximou e lhe avisou que não tinha todo o tempo que ele estava imaginando. A Pombagira recebeu mais um cigarro e uma dose de licor e avisou ao espírito que aquela era a última dose e, consequentemente, sua última chance de não ser deportado. Abriu um pouco sua visão, para que ele mesmo visse o aparato que o esperava. Quando ele olhou e viu dois amigos conversando, tomando um uísque e fumando seus charutos, deixou sair um longo e sonoro:

– Eu falo tudo que você quiser, mas não me entregue ao Exu Marabô.

Maria Mulambo deu uma linda gargalhada, aproximou-se dele e disse com voz bem sua: "fale, meu amor".

O Que Recebeu Hamek

Depois de ser convencido pela Pombagira, o sombra resolveu falar, mas não sabia exatamente tudo o que seu chefe havia recebido para costurar a demanda; sabia apenas o que ele tinha recebido, mas era exatamente o que interessava à Rainha, mesmo porque o trabalho era para Sinésio, ele teria de arcar com as consequências de seus atos.

O espírito escravo de Hamek sabia que ele tinha dividido entre ele e outros dois, que naquele momento estavam na casa de Sinésio, sete charutos recheados com pólvora vermelha, uma pequena medida de sangue de galo preto misturado com sete sementes de Godofredo, meia medida de sangue de cabra mocha, sete velas vermelhas escondidas na farofa de fígado de faisão e uma garrafa de cachaça, tudo junto em um despacho na porta do próprio Sinésio. O espírito exigia que lhe fosse dado tudo em dobro e que ele não precisasse dividir com os outros dois. Isabela anotou tudo o que ele falou e entregou à Mulambo, que deu uma boa gargalhada e debochou do zombeteiro:

– Você se contenta com pouco. Seu chefe recebeu sete vezes mais do que vocês e lhes deu somente as migalhas. Ele recebeu sete garrafas de uísque, além de ter recebido um quatro pé calçado. Agora vou chamar meu macho e veremos o que você vai receber, quem sabe, uma deportação na companhia de um de meus machos, o Exu Marabô.

Isabela entrega suas anotações nas mãos da Pombagira e se inclina suavemente para a frente, uma gargalhada conhecida é ouvida por Augusto, que imediatamente pega um charuto, o copo de uísque e entrega em suas mãos. O Exu Veludo agradece, chama sua mulher e pergunta se ela tem alguma coisa para lhe falar. Mulambo passa a palavra para o espírito comunicante, que, sem muita coragem, dirige um pedido ao Exu: não queria que ele o entregasse ao Exu Marabô para ser deportado. Veludo dá uma risada e manda ele se foder e lhe pergunta se ele merece coisa melhor, alem de voltar para seu planeta de origem, ainda na companhia de um Exu de lei do nível de seu compadre Marabô.

O sombra implora para ficar na Terra como seu escravo e promete não o trair. Sem pensar muito, o Exu Veludo aceita a proposta do zombeteiro e o denomina seu escravo a partir daquele momento, sendo que ele iria ficar encarregado de zelar pela segurança de sua filha e marido, para que nunca mais sua casa fosse invadida pelos sombras de Hamek ou qualquer outro feiticeiro.

O Exu Marabô, que é representante legal da lei e da ordem universal, concorda com seu compadre e determina que seja entregue um tridente nas mãos do sombra, o qual, a partir daquele instante, se tornaria guardião protetor do casal. A ele caberia a segurança total e absoluta deles e, se falhasse ou facilitasse qualquer tipo de ataque aos seus filhos, ele sentiria a dor do tridente. Como prêmio de consolação, Veludo pegou um copo, pediu que Augusto colocasse uma dose de uísque e serviu ao novo guardião, acompanhada de um charuto, conforme sua mulher Mulambo havia prometido ao espírito, caso falasse o que havia recebido na demanda contra Sinésio. Porque para Exu, sua palavra é sua honra.

Ao fim dos trabalhos, Mulambo, Veludo e Marabô deram as mãos em um sinal de extrema amizade e se afastaram ao mesmo tempo, deixando os médiuns se refazendo do desgaste de energia que tinham perdido com as incorporações dos espíritos sombrios. Antes de irem embora, chamaram o novo guardião e lhe explicaram que qualquer descuido ou trapaça que cometesse não seria perdoado, e se detectado por eles, seu castigo seria a deportação imediata.

Veludo chegou bem perto dele e perguntou se tinha visto o que teve a orelha cortada. O sombra respondeu que sim e abaixou a cabeça, Veludo deixou que ele lesse seus pensamento, e o zombeteiro arregalou os olhos como quem viu alguma coisa de que não gostou. Veludo riu e o alertou:

— Fica atento, você acabou de saber o que vai acontecer antes da deportação, você não pode errar.

Veludo lhe prometeu que voltaria logo; e se ele estivesse se saindo muito bem como guardião, ganharia mais um charuto e um copo de uísque.

O espírito tinha saído da condição de especialista em desmanchar casamentos para a condição de guardião daquela família, um posto que nunca quis ocupar. Fazia muitos séculos que ele trabalhava para Hamek, desde que chegara à Terra para fazer intercâmbio e se envolvera em todo tipo de crime por aqui; acabou sendo recrutado pelo feiticeiro que até então o explorava. Ele gostava do trabalho que fazia, mas havia chegado a hora do acerto, e a justiça é implacável com desordeiros.

Quando os médiuns já estavam recompostos energeticamente, os chefes de falange Exu Veludo, Maria Mulambo e Marabô se despediram; cada um rumou para seu reino, deixando aquela casa, a família e sua segurança aos cuidados do futuro guardião de lei, Julius. Um ser extraterrestre que há tempos longínquos veio aqui para fazer um estudo sobre o comportamento dos espíritos deste planeta e acabou caindo na armadilha da vaidade e se tornando exímio zombeteiro, que amava desfazer amizades, casamentos, noivados e todo tipo de união entre pessoas.

Ele não conhecia esse tipo de relacionamento, pois em seu planeta de origem não existe mais essa necessidade. É outra civilização, com outro sistema de vida, portanto muito evoluída. Porém ainda habitam esse planeta muitos espíritos no nível de Julius, os quais precisam de cuidados especiais.

Um Defensor Implacável

Quando os chefes saíram da casa de Augusto, deixaram o ambiente harmonizado, portanto o trabalho do novo guardião seria tranquilo. Ele não tinha experiência na arte de defender, estava acostumado a destruir, teve de aprender seu novo ofício sozinho.

Seu ex-chefe também não mandou mais nenhum sombra para incomodar o casal, mas intensificou a demanda em cima de Sinésio e, por tabela, atingia sua esposa, que estava deslumbrada com os acontecimentos entre ela e o marido, que queria ficar perto dela em tempo integral. Sempre que se aproximavam, faziam juras de amor mutuamente.

Mas eles estavam apenas seguindo as orientações dos escravos de Hamek. Os sombras haviam enfeitiçado o casal e dominavam totalmente a situação. O casal estava sempre bebendo e Cadu, em estado de choque, não conseguia raciocinar sobre os negócios. Telefonou para o irmão e expôs a vontade de liberar as contas e deixar que seu pai doasse tudo para a igreja.

Dentro da casa deles havia aumentado o número de escravos de Hamek; ele queria terminar logo o trabalho, para isso enviou mais alguns desordeiros. Quem não conseguia suportar o ambiente era Cadu, que estava sob pressão da mãe para liberar as contas bancárias do pai. Os espíritos intensificaram o assédio em cima de Ana, que estava muito vulnerável, e não estava frequentando o centro de umbanda fazia alguns dias, exatamente o que os zombeteiros queriam que ela fizesse. Por esse motivo resolveram aproximar o casal e mantê-los ocupados com o sexo, aproveitando ao máximo a energia deles para se satisfazerem também.

Cadu estava ansioso para chegar o fim da semana, não aguentava a hostilidade de seus pais. Restava-lhe a esperança de que, com a visita do irmão e de sua esposa, sua mãe retomasse seu estado de consciência normal e o ajudasse a controlar seu pai e salvar sua família de mais um desastre financeiro. Não estava conseguindo desenvolver seu trabalho naquela semana, por isso resolveu não esperar o irmão e ir ao centro de umbanda que sua mãe frequentava.

Quando chegou ao centro e relatou o acontecido para a senhora dirigente, um Preto-Velho veio em Terra e lhe aplicou passes fluídicos, orientando-o a não se defrontar com seus pais, porque eles estavam sob influências de espíritos malévolos. Portanto, ele deveria esperar seu irmão, porque certamente as coisas melhorariam na semana seguinte.

O Preto-Velho entregou um pó quebra demanda para ele e o orientou a passar em seu quarto, assim dormiria protegido da visita dos desordeiros, mas não poderia usar em outro lugar da casa. Cadu voltou para casa e encontrou os pais alcoolizados. Quando se deparou com tal situação, entrou em estado de choque e teve a intuição de telefonar ao irmão, que resolveu antecipar a viagem, e comunicou à Isabela o que estava acontecendo; convidou-a a acompanhá-lo na batalha. Sem falar com o irmão, Augusto saiu do litoral em direção à casa dos pais, pois queria surpreender a todos, mesmo sabendo que estariam dormindo quando chegasse lá. Durante a viagem deixou sua esposa a par de tudo o que estava acontecendo com sua família. Isabela ficou muito chocada com o que acabara de saber.

Durante a viagem para o interior mineiro, Isabela entrou em conexão com seu guardião e pediu orientação sobre como proceder durante a estadia em presença dos obsessores. Ela sabia como era difícil conviver em um mesmo ambiente com seres trevosos. Foi orientada a se manter vigilante, porque eles iriam se sentir acuados e provavelmente tentariam expandir o ataque para ela e seu marido, por isso deveria chegar à casa e pedir licença para entrar e procurar se conectar com seu Preto-Velho, que já sabia de tudo que estava acontecendo na casa de seus sogros. Não deveria tentar nada contra os escravos de Hamek.

Aproximava-se das 23 horas quando se aproximaram da casa dos pais de Augusto. Imediatamente o Exu Veludo irradiou sua filha e determinou que um de seus subordinados os acompanhassem durante o tempo que permanecessem naquele lugar. Como os espíritos eram seres das trevas, não notavam a presença do guardião da falange Veludo, que apenas os observava a distância; mas, se eles se aproximassem muito do casal, saberia o que fazer, havia recebido instruções de seu chefe.

Cadu estava acordado quando tocaram a campainha. Ele imaginou que fosse alguém à procura de seu pai, que já estava sem sair de casa havia uma semana. Quando olhou e viu seu irmão, nem acreditou e demorou a abrir a porta, não esperava se encontrarem antes do fim da semana.

Quando Augusto entrou na casa, sentiu o ambiente extremamente contaminado, ele entendeu o porquê do desespero de

Cadu. Era humanamente impossível habitar a casa com aquele fluido negativo dominando a atmosfera daquele jeito.

Cumprimentou o irmão, embora surpreso com a visita não anunciada, mas ficou feliz com a presença do casal e se esqueceu até de chamar os pais que ainda estavam acordados e que não ouviram o som da campainha. Isabela perguntou pelos sogros e Cadu os informou que eles estavam alcoolizados. Mesmo assim ela fez questão de chamá-los, colocou-se ao lado do marido e os três seguiram para o leito do casal. Quando se aproximaram da porta, um dos escravos de Hamek, que montava guarda na porta, direcionou-se à Isabela e tentou agredi-la violentamente.

O espírito criminoso usava um bastão confeccionado com uma gosma purulenta, ectoplasma contaminado que roubava do casal Sinésio e Ana na hora do sexo.

O guardião Veludo interferiu aplicando-lhe uma descarga elétrica, e ele largou aquela aberração que carregava para atacar Isabela, contorcendo-se como se seu tronco tivesse sido virado ao avesso. Soltou um grito de dor e desespero inimaginável aos ouvidos dos viventes.

Imediatamente foi algemado e o guardião se comunicou com seu chefe para saber qual seria seu procedimento em relação ao zombeteiro. Recebeu instruções para não tomar qualquer atitude contra ele, mas era melhor mantê-lo algemado até o casal retornar ao litoral.

Para garantir que os escravos de Hamek não aborrecessem os visitantes, o soldado de Veludo entrou no quarto do casal, onde o espírito feminino estava se divertindo com Sinésio, arrancou-o de cima dele e o algemou junto com seu cúmplice; entrelaçou seus braços, colocou-os de costas e algemou-os de maneira que um não podia andar para a frente sem que o outro andasse para trás; não podiam comer sem que um estivesse com o outro em cima de suas costas; pegou o bastão de gosma e amarrou nos pescoços deles. Conectou-se mentalmente com seu chefe e perguntou se estava de seu agrado, levou uma bronca e ambos caíram na gargalhada.

O servidor de veludo conduziu o casal de zombeteiros até a rua e os colocou diante da entrada da casa, de modo que todo desencarnado que vagueava por aquele lugar os via e começava a rir e chamar outros para verem como eles estavam amarrados.

Enquanto muitos dos espíritos andarilhos aglomeravam-se naquela calçada para se divertir às custas dos espíritos escravos que não tinham como se defender, uma equipe grande de mensageiros de luz enviados de uma colônia espiritual que se localiza bem próximo da crosta terrestre, aproveitava para executar seu trabalho de caridade e resgatar muitos deles que estavam perdidos nas drogas e bebidas.

Durante a confusão que se formou na rua, outra equipe de mensageiros que trabalham na higienização e limpeza entrou na casa e analisou quais seriam as necessidades energéticas daquela casa, mas saíram desanimados, pois Sinésio atraía aqueles seres para si e assim contaminava todo o ambiente familiar. Para que ele se livrasse do trabalho de feitiçaria de que tinha sido vítima, era necessário que melhorasse seu padrão vibratório, e somente assim conseguiria sair da armadilha em que havia entrado.

Enquanto os espíritos de luz dominavam a frente da casa distribuindo convites para que aqueles mendigos os acompanhassem, no mundo físico os irmãos tentavam acordar seus pais que haviam dormido com as luzes acesas e completamente embriagados. Isabela recebeu a visita de seu Preto-Velho e aplicou um passe magnético no casal, que aos poucos foi acordando. Primeiro Ana acordou e levantou rápido, ficou meio perdida não entendendo o porquê de estarem todos em seu quarto. Tentou acordar seu marido, que dormia profundamente, mas Augusto pegou-a pelo braço e a conduziu até a cozinha; sua mãe estava sem a menor condição de conversar; apesar do passe que havia recebido do Preto-Velho mentor de Isabela, ainda havia muito resíduo de álcool em seu sangue.

Augusto pediu-lhe que fizesse um café. Nesse tempo ele perguntou sobre os negócios, como estava seu pai e se eles tinham conseguido dialogar. Sua mãe não respondia às perguntas do filho, não tinha coragem de olhá-lo nos olhos. Depois que os espíritos criminosos foram afastados da casa, o ambiente começou a melhorar, e Ana não estava mais sofrendo as influências da moça escrava do mago negro. Isabela se aproximou dela acompanhada de Cadu e percebeu que a sogra estava desorientada; procurou não piorar a situação e convidou Augusto para esperar o café na sala, pedindo a ele para não falar do assunto com sua mãe, deixar para o dia seguinte. Cadu os acompanhou à sala e se desculpou com a cunhada. Ana levou o café para os filhos e, ao voltar para a cozinha, desmaiou, batendo a cabeça fortemente no chão. Os filhos correram para socorrê-la, mas, quando chegaram, perceberam que não se tratava de um simples acidente. Desacordada, ela foi levada ao hospital, e seu diagnóstico foi coma profundo.

Quando Sinésio acordou pela manhã e encontrou a casa vazia e manchas de sangue na cozinha, saiu desesperado para o hospital em busca de informações. No pronto-socorro encontrou os filhos, que lhe informaram o que havia acontecido com Ana. Ele imediatamente culpou Cadu pela tragédia que se abatera sobre sua família; nesse momento um espírito sombrio se aproximou e reforçava suas ideias, dizendo-lhe que ele estava com toda razão; se seu filho não tivesse se metido nos negócios e bloqueado o dinheiro, ele poderia ter feito algumas contribuições para a igreja e nada disso teria lhe acontecido, ele e sua esposa seriam protegidos com as bênçãos dos pastores. Sinésio começou a se alterar dentro do hospital, a ponto de ter de tomar um calmante.

Cadu achou melhor voltar para sua casa e evitar maiores constrangimentos ao irmão e à sua cunhada. Pouco tempo depois Augusto veio ao seu encontro e comunicou que Sinésio havia sido internado com problemas cardíacos e estava em estado de atenção. A vida da família havia sofrido um revés e agora era hora de juntarem forças para vencer a demanda que os havia atingido.

Durou pouco mais de 30 dias a internação de Sinésio. Augusto e Cadu revezavam-se nas visitas, enquanto Isabela pediu férias na empresa para ajudá-los a cuidar dos pais. Com o passar dos dias Sinésio desenvolveu um quadro de doença mental que avançava rapidamente, pegando os filhos de surpresa. Ele não queria sair de seu quarto e ficava olhando para a parede e conversando com sua esposa todo o tempo, enquanto ela estava em estado de coma no hospital. Os filhos já não sabiam como proceder, mas tudo o que estava acontecendo na casa de Sinésio tinha um motivo.

Hamek havia se irritado com as prisões de seus escravos pelo Exu Veludo e resolveu intensificar sua demanda sobre Sinésio. Contrariando a lei universal, expandiu o feitiço para toda a família; agora, para ele, era pessoal, desafiando, ao mesmo tempo, Exu Veludo, Maria Mulambo e Marabô. Hamek procurou um mensageiro do Exu Veludo e expressou sua insatisfação com a interferência dele em seus trabalhos, reclamou que um de seus escravos tinha perdido a orelha sem que houvesse feito nada para sofrer tal injustiça. Também se mostrou descontente com a prisão dos outros dois que estavam na casa de sua vítima e pediu para se reunir com seu chefe. Enquanto ele se debatia contra a lei dos Exus, seus escravos continuavam presos na rua onde morava Sinésio.

Os mensageiros espirituais já haviam resgatado muitos espíritos andarilhos e mantinham uma equipe de plantão, que era apoiada pelo guardião de Veludo. Diante de toda aquela movimentação na rua, alguns espíritos mais ousados quiseram forçar a saída da equipe de socorristas, porque consideravam que estavam querendo transformar o lugar em um centro de recuperação e aquilo contrariava alguns interesses. Cercaram o soldado de Veludo e cobraram dele neutralidade no assunto, pois, uma vez que ele não era da rua, não poderia interferir em suas atitudes. Como o soldado não era muito paciente com desordeiros, com seus dois metros e tanto de altura e muito bem armado, resolveu a questão sem consultar seu chefe. Alguns pontapés, várias torcidas de pescoço, muitas chicotadas e a rua estava livre para a equipe de mensageiros trabalhar. Aproveitando a confusão na rua, os escravos de Hamek tentaram fugir e sincronizaram uma caminhada lateral; como estavam andando em sentido contrário à casa de Sinésio, o soldado deixou que eles saíssem. Quando já estavam distante, ele os acompanhou, retirou as algemas e os alertou que deveriam se manter bem longe daquela casa, garantindo-lhes que, se houvesse um próximo encontro entre eles e o soldado, alguém perderia uma orelha.

(Quando um desordeiro perde uma orelha, nunca mais é recrutado por nenhum feiticeiro, sendo marcado como incompetente.)

Quando os espíritos trevosos se viram livres das algemas e do bastão de gosma purulenta, voltaram correndo ao ponto onde estavam presos havia vários dias e pediram ajuda à equipe de socorristas. Foram atendidos e encaminhados imediatamente para um hospital psiquiátrico da colônia espiritual, para se submeterem aos tratamentos necessários, estudarem e se tornarem espíritos dignos, livres para reencarnar e seguir sua caminhada rumo à evolução.

A Casa de Sinésio

O ambiente na casa de Ana havia melhorado muito. Todos os dias por várias vezes um mensageiro entrava e aplicava passes magnéticos na casa, mas Sinésio estava cada dia mais abalado, seu estado neurológico não era muito insatisfatório.

Ana permanecia no hospital sem nenhuma melhora e, inexplicavelmente, os médicos não sabiam o motivo de seu estado de saúde estar tão crítico; achavam que a lesão era muito pequena para provocar um coma profundo.

Augusto continuava ajudando seu irmão nos cuidados com seus pais, mas a empresa em que trabalhava já estava cobrando seu retorno, pois desenvolvia uma função importante nela, e não podia simplesmente sair do emprego; seu cargo era importante e por isso não podia ser substituído rapidamente, ele era diretor do setor de psiquiatria do hospital.

Cadu convidou os líderes da igreja para uma reunião em seu escritório e pediu para não retornarem à sua casa, uma vez que, com as complicações na saúde de seu pai, ele havia assumido o comando das empresas. Augusto retornaria para o litoral na semana seguinte e daria seguimento no processo para interditar Sinésio, que não tinha mais nenhuma condição de dirigir seu patrimônio.

O coma ao qual Ana foi submetida não tinha nada de físico, era um acidente provocado e controlado por seu guardião, que precisava lhe tirar do foco de Hamek e também para que a própria Ana percebesse que estava sendo manipulada por forças negativas com alto poder de destruição. Por esse motivo ele a tirou do corpo físico e a levou para um passeio pelo seu mundo e pelos reinos de seus compadres e mulheres de fibra, que exercem forte comando no mundo etéreo, e que de maneira austera e determinada fazem com que a justiça chegue à escuridão.

A rotina de Ana havia mudado, ela não tinha consciência sobre o estado de saúde de seu corpo físico, que estava no hospital ligado a máquinas que o mantinha com as funções vitais dentro da normalidade.

Ela andava por um mundo que jamais imaginou que existisse, quando passou pelo parque de diversão infantil na colônia espiritual que havia enviado seus mensageiros para a porta de sua casa, para trabalhar em benefícios dela e de espíritos desequilibrados pelo vício. Ela ficou encantada com tamanha beleza natural, perguntou para a guardiã que a acompanhava se não podia brincar um pouco com as crianças. Ela lhe explicou, sem detalhes, que elas não poderiam entrar naquele lugar porque o acesso era restrito. Ana estava sendo acompanhada por uma moça designada por Maria Mulambo para ser sua guia e levá-la a passar por todos esses lugares que lhe provocassem vibrações positivas, para que ela pudesse se manter longe dos olhos de Hamek, que só consegue atingir com seus feitiços alguém que vibre em seu padrão negativo. Ela andou pelo parque das crianças que desencarnam muito cedo e não têm consciência do que aconteceu, mas que precisam encontrar com sua mãe e seu pai terrestre, para continuarem com laços de amizade, porque terão de fazer a viagem de volta para uma reencarnação junto ao mesmo casal.

Ana também foi levada ao parque das águas regeneradoras. Esse lugar é usado para regenerar espíritos que têm síndromes diversas, mas que precisam de pequenos cuidados regeneradores, e portanto não dão trabalho em excesso. Esse trabalho de fisioterapia é feito com imersão nas águas desse parque, chamadas de águas sagradas.

Todos os passos de Ana eram monitorados a distância por um dos guardiões de lei mais respeitados do etéreo.

Marabô estava na colônia acompanhando o caso dos espíritos trevosos que haviam pedido auxílio às equipes de socorro que estavam trabalhando na casa de Sinésio. Como esses seres tinham trabalhado para um feiticeiro do baixo etéreo, certamente tinham contas para ajustar com a justiça, que é a mesma em qualquer lugar do Universo, inclusive nas dimensões inferiores onde o Exu Marabô é seu representante máximo. O fato de terem recebido socorro não os isentava de responderem pelos crimes cometidos.

Ana tentava entender o que estava acontecendo e por que não estava junto a seus filhos; sua última lembrança deles era de quando estava na casa de Augusto e se preparava para viajar de volta para sua casa no interior de Minas Gerais.

Quando passeava pelo vale dos idosos, ela viu ao longe uma pessoa que lhe era muito familiar. Ana chamou sua acompanhante e foram ao encontro daquela mulher; ainda meio confusa, ela recuou quando reconheceu sua avó paterna, que havia desencarnado quando ela ainda era criança. Ao se aproximar, a senhora a chamou e lhe deu um forte abraço.

Ana sentiu um frio muito intenso e, quando olhou para o lado, não viu sua acompanhante. Estavam sentados ao seu lado dois seres especiais que haviam sofrido muito e sentido sua falta. Somente nesse momento foi que ela teve a exata noção de onde estava.

Depois de algum tempo tentando entender o que havia acontecido e vendo seus filhos ao lado, perguntou no seu íntimo o porquê de estar naquele lugar e onde estava seu marido.

Quando o médico chegou e recolheu todos os aparelhos que a mantinham viva, ela disparou uma onda de perguntas aos filhos, que mal tinham tempo de responder e já vinha outra. Eles explicaram sem muitos detalhes que seu estado de saúde não era suficientemente bom para que sentisse emoções fortes.

Eles se despediram da mãe e prometeram que voltariam no dia seguinte. Augusto lhe informou que seus colegas médicos explicariam tudo com maior clareza.

Quando finalmente chegou ao fim a viagem insólita de Ana, ela estava livre das garras do velho mago negro. O Exu Veludo havia recebido a visita do mago e graças a uma negociação em que o que prevaleceu foi a vontade do Exu, eles se entenderam e Hamek se comprometeu a não mais incluir ninguém da família de Sinésio na demanda.

Porém, quando lidamos com esse tipo de espírito sombrio, é sempre aconselhável que mantenhamos a guarda sempre em alta. Vamos lembrar que eles são totalmente descomprometidos com a lei e ordem universal, estão sempre mentindo, trapaceando e, por isso, na maioria dos casos, os próprios Exus não acreditam neles. Eles mudam de personalidade o tempo todo e não respeitam ninguém, exceto quando são submetidos aos rigores da lei e não podem se movimentar no baixo etéreo.

No entanto, ele estava recebendo mais uma chance do Exu, que já tinha sido trapaceado por ele, mas como é um espírito que acredita na recuperação do ser humano, resolveu que lhe daria mais um crédito.

Entretanto, Veludo lhe avisou que, se dessa vez o mago traísse sua confiança, podia entrar no inferno de Lúcifer, que ele o buscaria lá ou em qualquer lugar do Universo. Era sua última chance de não cair nas garras da justiça de Marabô, porque o próprio Veludo fazia questão de entregá-lo pessoalmente ao homem da lei na escuridão. Também fez questão de lhe lembrar que antes o entregaria a Maria Mulambo, para que ela cortasse seu pênis, e assim ele pagaria pelo estupro que cometeu contra ela em uma encarnação em que ele era feiticeiro e ela recém-iniciada na escola de magia negra Aves de Rapina, organização secreta que formou e destruiu muitas das feiticeiras do Velho Mundo. A bruxa Solidad era uma das feiticeiras mais ativa e perigosa da irmandade (AR), o que causou muita inveja por parte do grão-mor, e este resolveu destruir a reputação da bruxa e a estuprou, gerando uma gravidez indesejada, a qual ela assumiu. Criou a filha escondida em uma velha montanha à qual somente os iniciados podiam acessar.

Depois de muitos anos sofrendo com a solidão e com sua filha já mulher, ela resolveu retornar ao vilarejo, vindo desencarnar em pouco tempo.

Depois de alguns anos que havia deixado o corpo físico, ela reencontrou um de seus pretendentes. No mundo etéreo, ele estava trabalhando havia séculos para atingir a grandeza de ser um guardião. Havia atuado como feiticeiro negro em outras épocas, por esse motivo ele foi caindo em seu padrão vibratório e teve de reparar essa dívida em uma das dimensões mais complicadas do mundo etéreo.

Porém, como sempre foi um feiticeiro determinado e pronto a enfrentar qualquer perigo, e somente desenvolvia trabalhos de quebra de demanda, feitiçaria pesada e magia negra, magias que já dominou e nas quais se tornou mestre, ele logo ganhou a confiança do Exu tronado (Senhor Exu Veludo), o direito de responder pela segurança daquele lugar e também ganhou autorização para montar sua própria falange.

Quando Solidad se encontrou com seu pretendente que havia se tornado um Exu, ela já estava mais equilibrada e à procura de trabalho. Então ele lhe propôs que usasse um pedaço de seu reino enquanto formavam o dela, começando então uma parceria entre Exu Veludo do inferno e agora a Pombagira Maria Mulambo da Calunga, o que foi comemorado com uma festa regada a uísque da mais alta qualidade e finíssimos licores preparados especialmente para o evento.

Hamek tremeu quando ouviu falar em Mulambo, pois ele sabia que uma hora ela o pegaria.

"Quem deve para aquela mulher não tem saída, a não ser pagar", falava o feiticeiro.

Por esse motivo era bem provável que dessa vez obedecesse ao tratado. Mas para esses marginais que habitam o baixo etéreo a palavra não vale muita coisa, basta que um vivente ofereça uma paga qualquer para eles desenvolverem uma demanda contra alguém e se esquecerem de qualquer lei ou tratado. Mas o mago negro estava acostumado a ver espíritos com dedos e orelhas cortados, e somente por isso sofriam os mais variados tipos de galhofarias e ninguém os recrutava para executar nenhum trabalho, imaginem então correr a notícia pelo baixo etéreo de que um feiticeiro negro teve o pênis cortado por uma Pombagira? Seria o fim dele como chefe feiticeiro.

Além de tudo, ainda tinha uma pendência com o Exu Marabô, que estava só esperando sair um veredito para encarcerá-lo, tendo até organizado uma cela para ele em seu reino.

O chefe da falange sombras negras estava apavorado, sentindo que se aproximava o fim de sua liberdade. Pelo que observava, acabaria escravo de um Exu de lei e ainda com dedos ou orelhas cortados; só de pensar nisso ele perdia a vontade de desenvolver qualquer demanda.

Tinha até esquecido de Sinésio, que depois que perdeu a memória vivia rindo para as paredes e já não interessava mais ao feiticeiro, que nesta existência já o havia destruído como ser pensante, pois o objeto que tinha sido implantado em seu corpo astral não o deixava raciocinar.

Ele vivia em um estado de demência mental absoluto, apenas se alimentando quando lhe serviam e dormindo o tempo todo. Durante esse sono ele sonhava com os filhos o traindo e sua mulher com outros homens; ele sentia ódio, e isso era exatamente o que o objeto precisava como combustível para continuar ativo, eram a baixa frequência e os pensamentos negativos que o ativavam. Quando ele acordava era trazido de volta para seu mundo particular, olhava para a parede e sorria sem saber de que ou para quem.

Ana recebeu alta hospitalar, voltou para casa e ao encontrar seu marido naquele estado vegetativo, entrou em desespero. Augusto foi obrigado a lhe administrar tranquilizantes. Isabela, que havia retornado ao seu trabalho no litoral, quando soube que sua sogra receberia alta, resolveu pedir uns dias de folga para ajudar na organização da casa.

Os irmãos de fé de Ana, quando souberam que ela havia deixado o hospital, combinaram uma visita surpresa em sua casa. Encontraram-na em ótimo estado de saúde, estavam todos muito felizes com seu pronto restabelecimento e convidaram-na a retornar ao centro de umbanda para dar continuidade aos trabalhos espirituais. Enquanto na casa de Ana reinava a alegria, mesmo com Sinésio não estando bem, Augusto animava sua mãe falando que aquele quadro era perfeitamente reversível.

Muito provavelmente ele teria desenvolvido aquele quadro de esquizofrenia por causa dos problemas que tinha enfrentado ou por alguma decepção, mas tudo era uma questão de tempo. Porém, Augusto ouviu alguém falando em seus ouvidos que nada do que tinha falado para sua mãe procedia.

Isabela, que ficaria na casa da sogra até o próximo fim de semana, convidou-a para irem juntas ao centro na quarta-feira, dia de trabalho, assim aproveitariam e também levariam Sinésio.

Conversaram os quatro e, no dia combinado, conduziram o doente ao lugar que o Preto-Velho de Isabela havia lhe intuído. Quando eles se aproximaram do centro, já estavam sendo esperados pelo Preto-Velho, e uma equipe de cientistas precisaria estudar o que realmente tinha sido usado pelo feiticeiro para desativar a memória de Sinésio.

Quando entrou no centro, ele dormiu profundamente deitado no ombro de Ana; era sono provocado pelos espíritos especialistas em desativar esse tipo de trabalho das trevas. Sinésio estava sob uma carga energética extremamente forte, suficiente para derrubar e destruir algumas pessoas; o trabalho que havia sido feito não era só para eliminá-lo, mas sim a toda sua família; entretanto, como os outros tinham sido descarregados por seus guardiões, ele, que era o alvo principal do mago, recebeu toda carga para si, e esse era o motivo pelo qual havia perdido seu raciocínio lógico.

Os especialistas localizaram o aparelho que havia sido implantado nele, mas, quando tentaram remover, depararam-se com algo mais complexo que imaginavam: ele tinha contaminado todo campo energético de Sinésio e precisariam de mais tempo para desativar a engenharia construída por Hamek, a menos que ele lhes passasse o código genético que havia usado na construção do microchipe.

Os cientistas passaram para o Preto-Velho de Isabela a complexidade que haviam detectado e, portanto, não podiam executar o trabalho de uma só vez. No ambiente físico estava tudo caminhando normalmente, os trabalhos seguiam o curso normalmente. O Preto-Velho se aproximou de sua médium e a irradiou intensamente, a ponto de deixá-la completamente inconsciente. Apresentou-se ao chefe dos trabalhos físicos e pediu permissão para trazer aos trabalhos um ser de alta periculosidade, mas que estaria preso e nada poderia fazer contra os médiuns ou qualquer espírito desencarnado que estivesse presente.

Recebeu autorização imediata do dirigente e Augusto levantou do lugar onde estava com as mãos entrelaçadas e falando um idioma completamente estranho para os presentes em físico que estavam trabalhando na gira daquela noite. De sua boca saía uma saliva putrefata junto às palavras incompreensíveis para os viventes. O pai-velho agradeceu carinhosamente pela gentileza do dirigente dos trabalhos e deixou sua filha entregue ao seu amigo Exu Veludo, que havia chegado com seus sete cavalheiros e trazia preso sob sua batuta um dos feiticeiros mais cruéis de todo o baixo etéreo.

O Exu pediu aos médiuns que formassem uma egrégora em volta de Sinésio, que se debatia violentamente em uma cadeira na assistência, sendo amparado por sua esposa, que parecia nunca ter sofrido enfermidade nenhuma.

Os viventes não podiam ver o que estava acontecendo naquele ambiente, mas, se pudessem, veriam uma equipe de espíritos especialistas trabalhando para desativar o microchip que havia sido implantado naquele ser que se debatia no colo da esposa, como um filho sob o amparo de uma mãe zelosa. Augusto gesticulava palavras desconexas que os viventes não entendiam, mas que para os cientistas espirituais eram fundamentais para desativarem o minúsculo aparelho que estava dominando completamente os pensamentos do filho de Veludo.

Marabô acompanhava tudo sem esboçar nenhuma reação, pois ainda tinha de esperar o veredito sair, e somente assim agir e prender Hamek, que se debatia apavorado na frente dos Exus Veludo, Maria Mulambo e Marabô, mas tinha a garantia de que, se desse o código genético que os especialistas precisavam e eles conseguissem desativar sua obra sombria, nada lhe aconteceria, e ele poderia voltar para seu mundo sem perder nenhum membro. Porém, quando olhava para Mulambo, sentia um pavor indescritível.

Aos poucos Augusto foi se acalmando, Sinésio já havia retomado seu sono tranquilo encostado no ombro de Ana e o ambiente estava menos tenso. Veludo agradeceu aos médiuns e pediu que desfizessem a egrégora, que o trabalho havia sido concluído com êxito. Aproximou-se de Augusto, disparou uma das suas risadas inconfundíveis e com um baita palavrão retirou Hamek do campo energético de Augusto, entregou-o aos seus cavalheiros e mandou que levassem aquele ser imprestável embora, devolvendo-o ao local em que tinha sido pego. Não se esqueceu de chamar o chefe dos cavaleiros e lhe ordenar que o devolvesse.

Veludo conhecia bem sua falange. Pediu uma dose de uísque, que lhe foi servida imediatamente por um dos cambonos do centro; agradeceu, tomou de uma vez e se despediu, deixando sua filha livre para cuidar de seu marido, que estava regurgitando tudo que tinha comido durante o dia.

O dirigente dos trabalhos tinha o costume de encerrar os trabalhos com o orixá Ogum, mas nesse dia estava um ambiente diferente e ele achou melhor que fossem fechados com a presença dos pretos-velhos. Deu ordens para os ogans fazerem uma chamada especial e, nesse momento, todos os filhos de fé que estavam incorporados em seus mensageiros de paz, carinho e humildade, formaram uma roda, conduziram Ana para o meio e descarregaram todos os resíduos astrais que ela havia absorvido com a presença do espírito trevoso que visitara aquela casa.

Com o fim dos trabalhos, a família de Sinésio o conduziu de volta para seu lar. Estavam se aproximando quando ele pediu para Cadu parar o carro porque ele estava enjoado; desceu acompanhado de Ana e Augusto, que o orientavam a não segurar nada e tentar esvaziar o estômago. Quando estava regurgitando, acompanhado do filho e de sua esposa, Sinésio deixou sair de dentro de si uma borra verde muito parecida com gel capilar. No instante em que a substância entrou em contato com a terra, uma fumaça escura se formou em sua volta e, como se tivesse sido aberto um buraco no chão, a gosma desapareceu sem deixar nenhum vestígio.

Augusto e sua mãe se olharam e, preferindo ficar calados, apenas acenaram com a cabeça.

Sinésio estava sereno, não ficava rindo sem motivo; entrou no carro e, como se estivesse em outro plano, foi conduzido para casa, aonde chegaram já após a meia-noite. Ana o conduziu ao quarto e, como uma mãe cuidadosa, cobriu-o e foi para a cozinha, pois estavam com muita fome e tinham muito o que conversar.

Enquanto ele dormia tranquilamente, recebia passes regeneradores dos mensageiros que haviam montado um acampamento de resgate em frente à sua casa. Mesmo depois que os escravos de Hamek foram socorridos, o trabalho deles continuava, em menor intensidade, mas sempre havia algum espírito andarilho que aceitava ajuda.

Ana tinha ido ao centro com sua família e havia passado por aquele processo, mas ainda tinha de ver qual era o procedimento que faria e como seria o comportamento de seu marido dali para a frente. Toda a corrente espiritual estava trabalhando, mas, como ela mesma costumava falar para seus consulentes, os espíritos fazem a metade e nós temos de fazer nossa parte. Ela estava ansiosa para ver como o marido acordaria; Cadu não era muito de participar dos trabalhos, por isso já havia se recolhido para dormir.

Ana não entendia como saíra de um estado de coma sem nenhuma sequela e por que não se lembrava de quase nada depois que saiu da casa de Augusto no litoral. Haviam se passado mais de trinta dias daquela tarde de domingo, mas, para ela, era como se estivesse naquela tarde.

O que ela não entendia é que tinha sido vítima de um encantamento maligno. Naquela tarde quando saiu da casa de seu filho, foi intensamente irradiada pela escrava de Hamek, aquela que foi resgatada pelos mensageiros. Esse mesmo espírito não a deixava racionar por si, tudo o que ela fez durante todo o tempo antes do acidente era de maneira direcionada, até que sofreu o acidente e a moça perdeu o controle sobre ela.

Ana estava feliz com a presença de seu filho e sua nora em sua casa, mas sabia que eles estavam de saída e teria de encarar o drama com Cadu.

Porém, restava-lhe grande esperança, queria ver seu marido saindo da turbulência em que havia se metido, e para isso contava com todo apoio da espiritualidade, que não se nega a ajudar quando solicitada. Já era madrugada quando Isabela e Augusto foram dormir; Ana resolveu ficar um pouco acordada, precisava reorganizar suas ideias. Resolveu olhar como estava seu marido, que dormia profunda e suavemente.

Ela fechou a porta devagar e retornou para a cozinha, estava sem sono e ansiosa para ver como acordaria Sinésio, qual seria seu comportamento: levantaria olhando para as paredes e sorrindo para o nada? Não era assim que ela queria que acontecesse, preferia seu marido real, brincalhão e disposto. Aquele ser que estava vivendo ao seu lado não era nem de longe aquele homem forte e companheiro que vira nos últimos anos. Enquanto estava perdida em seus pensamentos, Ana escutou uma tosse em seu quarto, entrou rápido e encontrou Sinésio sentado na cama; observou sua expressão e não identificou aquele sorriso vazio. Ele a olhou, direcionou um gesto de carinho com a mão estendida para ela, seu sorriso era real.

Quando ela pegou sua mão e o abraçou, sentiu que havia uma diferença entre o marido que foi levado ao centro de umbanda e o que estava ali a abraçando. Em silêncio eles se olhavam e, para seu espanto, ele perguntou por que ela havia demorado tanto na casa de Augusto. Depois reclamou de dores no corpo, levantou e, segurando na mão da esposa, direcionou-se para a cozinha, onde tomaram café, comeram e conversaram sobre os filhos. Ana não mencionou os acontecimentos recentes; preferia ficar com aquele momento, não querendo perturbar seu marido com relatos inúteis e desnecessários, e na hora certa conversariam sobre o assunto, somente se fosse extremamente necessário.

Eles amanheceram o dia conversando; Sinésio reclamou de dores no corpo, segundo ele, precisava tomar um analgésico para não ficar com gripe, pois não podia faltar ao trabalho.

Quando Cadu se levantou, chegou à cozinha e viu seus pais conversando, voltou rápido e ficou escondido atrás da porta sem acreditar no que via, precisava se acalmar para entender o que estava acontecendo. Depois de um tempo inspirando e respirando, tomou coragem e se fez presente. Deu bom dia para os pais e recebeu uma xícara de café das mãos de sua mãe.

Augusto e Isabela chegaram para o café da manhã e se surpreenderam com a presença do chefe da família. Sinésio também ficou surpreso com eles e questionou Ana sobre a razão de ela não falar que tinham vindo juntos.

O Feitiço se Volta para Hamek

Enquanto o ambiente familiar na casa de Ana estava melhorando a cada dia, no mundo etéreo as coisas se complicavam para Hamek, que, além do fracasso nos trabalhos para destruir Sinésio, tinha exagerado na dose e expandido o trabalho para sua família, e agora tinha de responder por sua negligência.

Teria de devolver a metade de sua má sorte para a pessoa que contratou seus serviços, esse era um direito seu do qual não pretendia abrir mão. Como também não bastasse o fracasso, estava a um passo de ser preso, pois a qualquer momento daria de cara com o Exu Marabô. Sabia que não podia se esconder dele, não tem caminho que o Exu Marabô não percorra, principalmente para fazer com que a justiça chegue à escuridão.

O mago negro andava mal-humorado, não tinha a menor vontade de trabalhar; foi requisitado várias vezes para costurar demandas e recusou. Estava preparando a devolução da demanda para seu contratante, e só de pensar em ter fracassado ficava completamente revoltado. Quando lembrava que estava ao alcance de Maria Mulambo, ficava mais nervoso ainda, sabia que a qualquer momento ela cumpriria o prometido; tinha se acertado com Veludo, mas sabia que com ela e Marabô não haveria acerto.

Hamek agiu rápido para devolver a demanda que costurou contra Sinésio, cumprindo o acordo que fez com o Exu Veludo, na esperança de que, se fosse pego por Mulambo ou Marabô, poderia pedir ajuda para ele, usando o fato de ter dado sua palavra e não quebrado o trato como material de barganha com eles. Chamou um de seus serviçais e entregou o pacote em suas mãos, ordenando que deixasse na casa do feiticeiro encarnado. Nessa mesma noite, chamou o médium que havia contratado seus serviços e em sonho lhe explicou que o homem que ele queria atingir era filho de Marabô, protegido por Maria Mulambo e Exu Veludo, portanto deveria pegar seu embrulho de volta e devolvê-lo para quem o contratou, porque ele estava saindo temporariamente de férias, precisava reorganizar seus negócios.

Hamek e o feiticeiro encarnado eram conhecidos de longa data. Quando o vivente recebeu a notícia de que teria de receber o feitiço de volta e o mago não tinha feito o serviço que havia recebido para executar, ficou revoltado com seu mentor do mal, quis que ele devolvesse o recebido. Houve uma discussão acalorada entre eles, mas como sempre acontece, o mago o lembrou de que o feitiço sempre volta para quem o fez.

Portanto, quem o procurou para fazer o trabalho era seu verdadeiro dono e deveria responder pelo ato cometido. Debochou do vivente e ordenou que o devolvessem ao corpo e fechassem o portal para que não retornasse nunca mais. (Os magos negros não têm nenhum compromisso com a verdade, conforme o Exu nos alerta ainda no começo deste livro.)

Quando o encarnado acordou, sentiu um vazio existencial muito grande, uma angústia repentina lhe dominava os pensamentos e inexplicavelmente lembrou-se da senhora que havia lhe encomendado aquele trabalho de magia negra. Sentia seus pensamentos desaparecerem por alguns momentos e não conseguiu dormir mais naquela noite; ao se levantar, sentia muita tontura e dores pelo corpo, sem saber que estava carregando um trabalho pesado de bruxaria.

Mesmo sendo um pai de santo do candomblé, não conseguia identificar o que estava acontecendo, mas sabia que era alguma coisa ligada ao espiritual, porque seu Exu estava alertando-o. Conforme o dia passava, as dores de seu corpo aumentavam e já não estava mais suportando aquela angústia; seu guardião o orientava a jogar seus búzios para saber o que estava acontecendo, mas ele relutava e a distância o mago o intuía a não abrir o jogo de Ifá, e lhe dizia que aquilo era apenas um sintoma de gripe, era nisso que ele acreditava.

Conforme os dias se passavam, ele sentia menos vontade de trabalhar; quando alguém o procurava para fazer algum trabalho, ele recusava e indicava um colega, e seus filhos de santo estranhavam a falta de função no terreiro.

Quando o questionavam recebiam como resposta que estava cansado e precisava se recuperar de uma gripe forte. Assim passaram-se meses, e seu terreiro começou a perder filhos que precisavam trabalhar, queriam se cuidar e seu babá não estava lhes dando assistência; sua Pombagira havia se afastado quando ele começou a trabalhar com magia negra, dando lugar a um espírito sombrio que encostou e se fazia passar por ela. Hamek havia traído o médium e o entregado à própria sorte.

Sempre que alguém vinha ao seu terreiro em busca de trabalhos para prejudicar alguém, ele se lembrava daquela senhora que jogara um maço de dinheiros em suas mãos e entregara junto o nome do homem que ele deveria destruir.

Certo dia encontrou esse papel e ficou durante um bom tempo tentando lembrar que tipo de demanda havia feito e qual o nome do mago negro que havia invocado na hora de fazer a entrega. Aos poucos ele foi se lembrando dos elementos que havia usado no trabalho, agora só estava faltando o nome do demônio que havia invocado; se ele conseguisse, ficaria mais fácil desmanchar a magia.

Fim da demanda de Sinésio

Quando finalmente o médium conseguiu se lembrar de tudo o que havia usado naquele feitiço, foi consultar o Ifá para ter certeza se haveria a necessidade de ele fazer tal procedimento.

Os búzios confirmaram suas suspeitas e seu guardião o alertou de que deveria agir com o máximo de cuidado na hora de escolher qual senhor das sombras invocaria. Também o alertou de que deveria acrescentar um elemento a mais e não deveria em nenhuma hipótese usar nomes de feiticeiros negros; ele deveria entregar pessoalmente ao chefe e esse deveria ser invocado em nome da lei divina, uma vez que este trabalho estava sendo feito para reparar um erro seu e não do chefe que recebia em despacho, ao qual cabia apenas transportar a carga energética que estava lhe consumindo as forças e desabilitar as influências de Hamek sobre ele.

O médium procedeu conforme a orientação de seu Exu, desfazendo a demanda que quase acabou com a vida e a família de Sinésio, não fosse a interferência direta do Exu Veludo que, acompanhado de Maria Mulambo e de seu compadre Marabô, traçou o fim das maldades de um dos feiticeiros mais ousados e debochados do baixo etéreo.

Depois que fez o trabalho, o pai de santo percebeu uma melhora em seu estado de saúde. Agora estava se sentindo com mais vontade de trabalhar, abandonou a prática de magia negra, dedicando-se a cuidar de seus filhos de santo, que aos poucos foram retornando. Depois que foi alertado por seu guardião para abrir mão completamente da prática da baixa magia e seguiu tais orientações, seus guias espirituais voltaram a trabalhar com ele e seu terreiro estava cada dia mais próspero, aumentando o número de pessoas que o procuravam para jogar búzios, tirar ebós e jogar cartas.

Para sua sorte, Hamek o havia traído; por esse motivo, não estava mais comprometido espiritualmente com ele e o mago negro tinha se transformado em seu credor.

O feiticeiro estava perdendo prestígio com seu chefe, que o estava pressionando para lhe arrumar escravos, mas o mago andava com uma depressão profunda. Quando pensava em Mulambo, perdia a vontade de trabalhar, sem contar que seus dias de liberdade estavam contados, pois a qualquer momento seria preso; pensava nisso todo tempo, não lhe sobrava ânimo para fazer nada e uma grande parte dos comparsas estava se afastando. Hamek via que seu império estava se deteriorando mais rápido do que ele havia imaginado.

Antes ele tinha intenção de se tornar um demônio poderoso, quem sabe até mesmo um dragão, mas agora estava com dificuldades até para fazer feitiço, que era sua paixão; ver uma pessoa sendo destruída por uma demanda costurada por ele lhe causava um prazer imenso, principalmente quando o resultado final era o desencarne do enfeitiçado. Ele adorava aterrorizar espíritos novatos no baixo etéreo, usando essa faceta como lazer; algumas vezes levava uns solavancos dos Pretos-Velhos, mas o prazer era maior que o medo que sentia dos mensageiros de luz de nossa mãe Maria.

Feitos os procedimentos de matança dos animais, a entrega no lugar indicado, dentro de sete dias toda a demanda que havia atingido Sinésio estava desfeita; ele estava livre das enfermidades e do chipe que o mago havia implantado, o qual havia sido removido pelos médicos da colônia de socorristas planetários. Toda a família de Sinésio tinha saído do foco de Hamek, que andava de um lado para outro dentro de sua casa sem nenhuma tranquilidade. Qualquer batida que um de seus escravos dava na porta, seu pensamento já ia direto para Marabô ou Maria Mulambo, e parecia que em seu mundo não havia mais ninguém a não ser eles. Em uma última tentativa de se livrar deles, pensou em pedir ajuda para Veludo; entrou na sintonia do Exu e apelou por socorro, oferecendo-se para ser seu parceiro. Recebeu como resposta um autêntico não. Veludo lhe explicou que um Exu de lei não trabalha em conjunto com magos negros; essa aproximação entre eles só acontece quando os Exus recebem ordens para prendê-los.

Para desencorajar ainda mais o infeliz feiticeiro, que agora estava sofrendo de depressão, experimentando um pouco de seu próprio veneno, Veludo lhe perguntou se aceitaria trabalhar com Marabô. Hamek fez silêncio, agradeceu pela gentileza do Exu e encerrou a conversa.

O velho bruxo, que no auge do reinado como feiticeiro impiedoso pensou até em se tornar mestre dos magos, agora tinha dificuldade até para recrutar espíritos zombeteiros. Certo dia ele estava tentando organizar seus pensamentos, quando seu secretário bateu na porta e anunciou que tinha um homem o esperando no pátio. Ele perguntou quem era o cidadão, foi informado de que ele não quissera se identificar, mas estava de terno preto e um charuto na mão. O feiticeiro tentou entrar na sintonia, mas não conseguia ver quem era; ficou em pânico e quase se despediu do escravo e saiu com as mãos para cima, pois ele tinha certeza de que seria preso naquela hora. Saiu lastimando-se e esbravejando contra tudo e todos, ele sabia que era seu Marabô. Imaginou-se preso, algemado e todos os escravos que não o tinham abandonado rindo de sua situação e debochando dele; era o fim, pensava, ele tinha certeza do que ia acontecer. Quando chegou ao pátio e viu aquele homem de preto com as costas viradas para não se deixar ver, ele ficou quieto, só esperando que uma falange de Caboclos ou Exus de lei o atacassem e aprisionassem.

Nada aconteceu como ele esperava. Por ser um espírito das sombras, ele não conseguia ver um espírito de luz, a menos que este permitisse. Ele cumprimentou o homem com uma gentileza que não lhe é peculiar, perguntou em que poderia ser útil, recebeu como resposta que não seria possível ele o ser, porque os últimos acontecimentos não o deixavam ser útil a ninguém. Ele quis saber com quem estava falando e escutou uma sonora gargalhada, o ex-todo-poderoso quase molhou as calças, e assim teria acontecido se ainda tivesse essa função fisiológica.

Ele reconheceu a gargalhada de Mulambo e só não voltou correndo porque implorou para que o Exu o prendesse. Quando o homem se virou, ele reconheceu seu ex-escravo, que havia enviado para uma festa e que nunca mais havia voltado; perguntou o que havia acontecido e por que estava ali. O homem lhe explicou que tinha se tornado um Veludo e que ele seria seu primeiro escravo.

Hamek explicou-lhe que não seria possível porque estava esperando ser preso a qualquer momento pelo Exu Marabô, o novo Veludo deu uma boa gargalhada e lhe disse que já havia acertado tudo com seu amigo da lei. No mesmo momento o mago negro teve de entregar a chave de todos os aposentos da casa ao Exu e começar a fazer uma faxina no lugar. A partir daquele momento o local, que estava acostumado com experiências macabras, passaria a ser mais um dos centros de apoio da organização beneficente de apoio e recuperação de espíritos descomprometidos com a lei, que demonstrarem vontade em se recuperar e enfrentarem novas experiências na Terra em novas encarnações. Essa era a nova missão daquele ex-zombeteiro que havia sido convidado para uma festa na casa de Augusto.

Ao chegar à sua residência no litoral paulista, Augusto percebeu uma atmosfera bem leve e agradável; comentou com sua esposa que talvez o tempo passado fora e a saudade de sua casa estavam deixando-a mais agradável que de costume. Sugeriu para Isabela que um jantar com os amigos cairia muito bem, mas, dessa vez, quem faria a comida seria ele. Queria tomar um uísque com seu amigo, mas não haveria mais trabalho espiritual em sua residência, e eles concordaram de cada ambiente ser usado para seu devido fim.

Isabela aprovou a ideia de seu esposo e saiu para fazer um telefonema para a amiga, que aceitou o convite, mas lembrou-a de que seria em sua casa, conforme combinaram, uma vez em cada lugar.

– Só fale para o Augusto trazer o uísque, quero dividir com ele uma boa dose.

Quando chegaram para o jantar, o amigo telefonou para Augusto pedindo desculpas por não poder participar, tinha acontecido uma emergência e por isso ele não podia sair do hospital. Os amigos prepararam finíssimos. Enquanto Augusto sorvia uma dose de uísque, Isabela e Surryar tomavam uma taça de licor de Amarula, regado a uva e cereja, um clima romântico que parecia com a época bem remota em que Isabela era Guilian e Surryar a belíssima condessa Sterez, um amor interrompido bruscamente na Primeira Grande Guerra, mas que, ainda em espíritos, resolveram vir para esta encarnação apenas como amigas. Quem sabe na próxima teremos um belo e feliz casal, sem importar se do mesmo sexo.

Com o jantar servido, os amigos sentaram-se e saborearam iguarias da cozinha japonesa; sentiam falta de Otávio, que estava trabalhando e não pôde acompanhá-los naquela noite. Surryar perguntou por que eles não haviam levado Ana e Sinésio, e soube que haviam preferido ficar descansando, pois Ana queria esperar um pouco mais, ainda não estava tão confiante na saúde de seu amado.

Sinésio, por sua vez, estava cada dia melhor fisicamente, mas em alguns momentos reclamava de dificuldades na respiração, por isso sua família preferiu que fizesse alguns exames. Ele optou por fazê-los em São Paulo. Achava que a cidade lhe oferecia melhores recursos; não falava para a família o que estava sentindo exatamente, escondia para não deixar Ana e os filhos preocupados. Desde que acordou da demência a que havia sido induzido, ele não quis mais saber dos negócios; passou todas as funções para os filhos e resolveu mudar para a praia.

Cadu concordou com os pais. Já havia contratado um diretor administrativo e agora ocupava a presidência do grupo de empresas. O ambiente na casa de Sinésio era de normalidade, mas ele tinha perdido a motivação; procurava ler alguma coisa que lhe despertasse interesse, porém não obtinha êxito. O chipe que haviam implantado em seu corpo etéreo atingiu uma determinada área que tornou impossível sua recuperação, mesmo tendo sido removido. Ele era mais uma vítima de Hamek, o qual agora estava aprendendo a trabalhar para um Exu, sendo ele que pediu para ser parceiro de Veludo.

Já fazia um tempo que o feiticeiro estava trabalhando sob as ordens de seu ex-escravo, especialista em destruir casamento, que foi convidado para uma festa e teve a honra de encontrar um trio de Exus que andam por todos os caminhos por mais escuros ou obscuros que sejam. Ninguém os segura. O novo soldado do Veludo tinha se saído muito bem na defesa da casa e da filha de seu chefe; ganhou fama de pouco paciente com os feiticeiros do baixo etéreo, depois que manteve alguns espíritos maléficos amarrados, a cabeça de um junto com os pés de outros, e esquecidos no porão de uma casa abandonada. Não desencarnaram por já o serem.

Esse novo Exu havia trabalhado para Hamek, mas nunca concordou com seus métodos; apesar de não ser terráqueo, ele havia desenvolvido algumas habilidades para lidar com os feiticeiros no baixo etéreo. Sabia de sua responsabilidade em se tornar um membro da falange de Veludo, conforme lhe foi avisado, e, se desse qualquer passo em direção ao mundo do crime, seria deportado e o que lhe acontecesse ninguém ficaria sabendo; poderia até ser desintegrado para dar origem a outro ser que ocuparia seu lugar no Universo, com maior chance de contribuir para o desenvolvimento do planeta ao qual pertencia e de onde havia fugido. Ele sabia que estava nas mãos de espíritos que levam a sério o trabalho, por esse motivo chegaram ao patamar em que se encontram.

Agora ele era um Veludo e certamente honraria esse privilégio; já tinha seus escravos e colaboradores, havia começado com seu antigo chefe, o mago Hamek, que trabalhava sem interrupção para limpar a casa onde durante anos praticara suas barbaridades. O lugar era uma oficina do terror. Tinha aparelho nunca visto nem imaginado por nenhum vivente ou desencarnado que não tivesse a mente voltada para a prática criminosa.

Estavam bem instalados e prontos para desenvolver os mais variados tipos de feitiçaria. Foram apreendidas no local muitas embalagens com ectoplasma já se decompondo ou em estado putrefato; o arsenal que foi encontrado, se comparado ao mundo físico, seria semelhante a vários barris de pólvora. Em buscas feitas anteriormente pela equipe de especialistas em combate ao tráfico de ectoplasma, eles nunca haviam encontrado uma quantidade tão grande desse material em poder de um único criminoso. Consideraram o material suficiente para atingir um número acima de cem pessoas.

O velho feiticeiro se lamentava, xingava, esbravejava, reclamava como louco, achava um absurdo ser tratado daquela maneira; não se conformava com o *status* de escravo, principalmente depois de ter dado todas as condições para o espírito ingrato, que a seu ver o estava traindo.

O velho reclamava do tratamento que o Exu tinha com seus colaboradores, queria ser tratado nos mesmos moldes, afinal sempre foi chefe e sabia como lidar com escravos. Quando se dirigia ao guardião, tinha de reverenciá-lo como superior, isso o incomodava muito. Certo dia, quando estava trabalhando na incineração do material apreendido, recebeu uma comunicação de um dos comparsas do crime, queriam que o mago recebesse uma encomenda que lhe tinha sido enviada. Ele resistiu à ideia de voltar à vida de feiticeiro negro, mas, como o lobo perde o pelo e não deixa seu vício, começou a se sentir atraído pela oferta.

Com a possibilidade de voltar a atuar como chefe supremo de uma falange nova, o velho mago foi se livrando aos poucos de seu estado depressivo e começou a arquitetar um plano de fuga, queria de qualquer jeito sair da escravidão em que havia sido colocado.

Quando isso acontecesse, ele organizaria a retomada de sua casa e escravizaria o traidor, aí sim ele conheceria de verdade o tamanho de sua ira, pensava. Haveria de se curvar aos seus pés e lhe pedir clemência; ele lhe cortaria as duas orelhas e um dedo de cada mão e também dos pés, e jamais conseguiria trabalhar para outro mago, ninguém queria um mutilado como escravo.

O feiticeiro arquitetou seu plano de fuga e combinou com seu parceiro para ficar por perto de sua morada e bem atento, porque ele precisava esperar o Exu receber alguma visita, estar ocupado, assim ele não o estaria vigiando. Assim passaram-se dias e nenhuma visita distraiu a atenção do novo dono da casa, que agora estava limpa e livre do material podre que Hamek usava para preparar suas demandas.

O velho mago começou a ficar ansioso com a demora, precisava fugir antes que seu sócio procurasse outro feiticeiro. Em um dia calmo de pouco trabalho, ele estava limpando o pátio da nova residência do Exu, quando alguém se aproximou do portão. Ele olhou de soslaio e viu que era uma mulher, arrepiou-se da cabeça aos pés, pois imaginou que era Maria Mulambo indo cumprir a promessa de arrancar seu pênis. Ele ficou com a cabeça abaixada, mas podia ver quem estava entrando; sentiu um alívio imenso quando percebeu que era outra mulher, aproximou-se do portão e prestou atenção em quantas voltas o porteiro havia dado na fechadura. Ele havia programado o segredo do portão para fechar apenas com um único giro da chave; se desse outra volta, estaria fechado apenas para quem fosse entrar, quem tivesse de sair bastaria forçar o portão para fora que o ferrolho se recolhia. O mago se conectou com seu comparsa, que estava rondando a mansão do novo Veludo e aproveitou o momento para fugir, dando início a novas aventuras rumo às camadas mais escuras do baixo etéreo.

As novas demandas de Hamek

Com a fuga do velho criminoso da prisão, ele assinava sua sentença para ser expulso da Terra e perder totalmente o direito a voltar habitar neste planeta. Já livre da escravidão, cheio de ódio, o velho bruxo recomeça suas atividades criminosas e aceita construir a demanda que seu comparsa havia lhe oferecido. Quando recebeu a encomenda não acreditou que estava novamente em rota de colisão com o Exu Veludo.

Quis saber quem tinha encomendado um trabalho tão sofisticado, e seu comparsa o levou até o vivente que solicitava seus serviços. Quando ele olhou o cidadão, custou a acreditar que um vivente teria tamanha capacidade para a hipocrisia.

Dessa vez o mago não estava diante de um praticante das religiões africanas, o homem era apóstolo da igreja evangélica; conhecido no planeta. Ao conferir quanto ganharia para fazer tal feitiço, o velho mago se encheu de esperanças, apenas com a metade dos recursos recebido, ele recrutaria uma falange de sombras e ainda ofertaria seu chefe na dimensão inferior com alguns escravos.

Hamek foi investigar a vida de sua vítima pela segunda vez, identificou que não seria tão difícil como foi antes, pois o homem estava debilitado e vivia à custa de medicamentos, mas identificou que seu patrimônio havia crescido muito e que ele não morava mais no mesmo lugar.

O feiticeiro começou a trabalhar antes mesmo de receber o egé (sangue) e mandou que o comparsa lhe arrumasse um de seus escravos, até conseguir montar sua equipe.

Enquanto esperava a chegada do espírito, resolveu fazer um pouco do trabalho de reconhecimento: bisbilhotou a família toda, olhou se tinha algum guardião tomando conta da casa onde estava morando o casal e percebeu que o ambiente estava desabitado de seres fora do físico; entrou no laboratório do amigo e desenvolveu um antídoto para cortar o efeito do medicamento de que sua vítima fazia uso diário para combater um câncer de fígado, resultado de resquícios do chipe que ele mesmo havia implantado em seu corpo energético tempos atrás.

O mago estava eufórico com a possibilidade de ver seu sonho de se tornar demônio realizado. Estava esperando que o espírito sombra lhe fosse entregue logo, queria começar o mais rápido possível a destruição daquele cidadão que considerava seu inimigo. Era com esse trabalho que queria se firmar como o mais cruel e letal feiticeiro negro do baixo etéreo; todos haveriam de reverenciá-lo e oferecer seus escravos como presentes, como ele fazia com seu chefe nos tempos em que tinha uma grande falange trabalhando para si.

Não se esquecia de que tinha sido rebaixado do *status* de feiticeiro para escravo, e isso ele teria de esconder de todos os comparsas, porque, se essa notícia chegasse ao mundo da baixa magia, era seu fim, ninguém mais o respeitaria e ele teria de retornar para as mãos do novo Veludo, que era considerado por ele um traidor impiedoso. Achava que o Exu não tinha sido muito inteligente em ter destruído aquele material, poderia ter usado como troca de favores com os feiticeiros, ter se tornado muito respeitado entre todos os magos negros e também seria o único Exu a poder entrar no baixo etéreo sem escolta. Ele estava arquitetando a retomada do antigo laboratório das mãos de quem considerava seu maior traidor.

Cada hora que passava, o mago se revoltava mais com Sinésio, afinal foi por causa da primeira demanda que ele havia entrado em colapso. Agora era uma questão de honra que ele fosse aniquilado. Sentiu ódio de Sinésio quando começou a pensar que foi ele o responsável por sua falência e até sua escravidão nas mãos do extraterrestre, que, além de o trair, tomou sua casa e destruiu toda sua riqueza, fruto de seu trabalho, e que havia levado muito tempo para armazenar, sendo obrigado a destruir tudo sob suas ordens.

Hamek já estava perdendo o resto da paciência, quando entrou pela porta seu cúmplice acompanhado de um espírito sombrio, daquele tipo debochador que sente prazer em fazer maldade, e o entregou como presente a Hamek. O mago do mal sem perder tempo pegou um frasco e entregou ao escravo, a embalagem continha o antídoto misturado a vermes com alto poder de destruição, que espalhariam o câncer por todo o corpo de Sinésio. Mostrou a casa onde se encontrava a pessoa que ele deveria obsediar e fazer com que seu feitiço fosse devastador, queria uma ação rápida em tempo recorde.

Mostrou também quem era o homem e o orientou a se aproximar o máximo possível, pois, quanto mais energia conseguisse roubar, mais rápido seu trabalho teria êxito. E mais rápido o espírito receberia sua parte no pagamento. Explicou também que ele deveria agir quando fosse aberto o frasco de medicamento para o doente tomar; nesse instante o espírito sombrio deveria aproveitar e se aproximar para misturar o conteúdo que havia na embalagem em seu poder, sem deixar que uma única gota se perdesse, sob pena de não receber nada e ainda ser chicoteado na frente de seus iguais.

O mago mandou que o espírito fechasse os olhos e, com um simples sopro, colocou-o dentro da casa de Ana. Agora lhe restava agir o mais rápido que conseguisse, o que não demorou. Já parecia dono da situação, sentava à mesa com os viventes e se saciava com os fluidos do alimento que consumiam. No mesmo dia ele conseguiu adicionar ao medicamento de Sinésio a mistura que carregava.

Mas resolveu ficar morando com o casal, afinal o que ele iria ganhar do mago era uma migalha, perto do que ele tinha recebido. O espírito tinha presenciado a entrega que foi feita por seu antigo chefe ao atual, enfim resolveu voltar somente quando fosse chamado pelo mago. Enquanto isso ele andava pela praia, bebia junto com os alcoólatras, fumava com os transeuntes, drogava-se com os jovens que andavam pela praia fazendo uso desse tipo de entorpecente; sua vida estava fluindo normalmente, bem melhor do que ele havia imaginado. Retornava para a casa de sua vítima sempre à noite, quando a orla estava vazia, e assistia Sinésio definhando, mas aplicava-lhe uma espécie de maquilagem, para que Ana não notasse que seu estado de saúde estava piorando.

Foram muitos dias alojado na casa, até que um dia tomou muita bebida e se embriagou, errou de endereço e entrou em uma casa que tinha um guardião; tomou uma surra e foi enviado de volta para a dimensão onde Hamek havia se instalado. Perdeu o direito à sua parte na paga, recebeu um castigo por ter dado as dicas de onde o feiticeiro estava escondido, foi recusado como escravo e substituído por outro que levava o trabalho mais a sério.

O velho feiticeiro andava livremente pelo baixo etéreo disfarçado de ave de rapina, tinha assumido o formato de uma águia e muito dificilmente seria reconhecido por algum guardião de lei. Quando estava fora de sua nova morada, não usava a comunicação do pensamento, pois tinha receio de que fosse capitado algum sinal e os Exus de lei o identificassem como mago negro. Usava a negromancia antiga como disfarce e uma mágica milenar de envultamento sincronizado, tinha seu corpo astral modificado para se esconder dos decodificadores transversais que detectam a presença de energias maléficas em ambientes periféricos à lei divina.

Estava colocando em prática uma antiga magia negra muito mais letal que as habitualmente usadas por espíritos. Essas práticas somente são utilizadas por seres que já perderam completamente a forma humana e que se declararam oposição às leis do cordeiro divino. Hamek havia aprendido esses truques com um chefe que hoje já virou dragão e que comanda uma dimensão onde não é mais possível a presença humana, exceto quando estão em missão especial, mesmo assim conforme o acordo firmado entre o príncipe da luz e o imperador da escuridão e respeitado por ambas as partes. Quando houver a necessidade de uma incursão de seus mensageiros de luz por essa parte do planeta, o comandante das trevas terá de ser comunicado, e assim ele lhes enviará uma senha, para que os mensageiros possam penetrar livremente nessas camadas escuras, que são habitadas por seres de extrema periculosidade para o espírito humano, capazes de aniquilar facilmente uma falange inteira de guardiões.

São os espectros, seres muitas vezes mais perversos e perigosos que os magos negros. Somente dessa forma é possível que eles façam o resgate de alguns irmãos que se envolveram em crimes contra a humanidade e foram enviados à presença do príncipe das sombras para serem esvaziados, e precisam retornar às dimensões superiores para que sejam submetidos a um doloroso processo de recuperação através de reencarnações.

Hamek jamais poderia usar desse artifício, ninguém tem autorização dos dragões para se fazer passar por um deles, apesar de muitos espíritos trevosos descomprometidos com a ordem universal não observarem essa lei. Porém, quando são pegos e levados à presença de um dos dragões, são completamente esvaziados, não sobra absolutamente nada desse espírito, nenhuma lembrança em seu histórico. O seu conteúdo é completamente apagado, como se ele nunca houvesse encarnado, tem de começar tudo do ponto zero. Se em uma dessas incursões que os mensageiros fazem, pelas dimensões escuras do planeta, algum espectro ousar desobedecer as ordem vindas dos príncipes, tanto da luz quanto da escuridão, ele é preso imediatamente e conduzido à presença de seu superior, que o esvaziará imediatamente e o entregará para ser recuperado. Essa é a lei e é obedecida sistematicamente. Entre nosso mestre Jesus e o príncipe da escuridão há muito respeito e cordialidade, mesmo que haja oposição entre os poderes; nesse caso há muita lealdade.

Hamek seria pego de qualquer maneira. Enquanto o feiticeiro se esgueirava disfarçado de águia negra pelas camadas densas do baixo etéreo, na crosta terrestre um senhor estava sendo internado em um hospital de São Paulo especializado em tratamento do câncer.

A doença havia tomado conta de seus órgãos e já era dado como paciente em estado de saúde muito grave. O feitiço estava sucumbindo com Sinésio, os vermes astrais haviam se alojado em seu pâncreas e comprometiam a ação de toda medicação que ele tomava. Sua família estava somente esperando a hora em que todo o sofrimento físico dele teria um fim. Mesmo alertados de que haveria uma demanda muito forte sobre ele, ninguém pôde fazer nada, estava em seu caminho passar por essa experiência dolorosa. Em uma noite estrelada no litoral paulista, o telefone da casa de Augusto tocou e um colega lhe deu a notícia que a família já esperava.

Hamek havia acumulado mais um crime em seu histórico, entre tantos outros. E Sinésio havia pagado com sua vida o altíssimo preço da inconsequência, e nem mesmo seus mentores puderam fazer alguma coisa para reverter tal processo, mesmo porque existem muitas leis no Universo que nós precisamos observar. Carma, atração e livre-arbítrio são algumas delas.

O sonho de Hamek

O velho bruxo sonhava ter seu laboratório de volta, para isso se deslocava pelo baixo etéreo disfarçado de águia negra, recrutando criminosos e planejando um ataque fulminante à sua antiga residência. Queria reunir um grupo que formasse o número de 666 espíritos sombrios, pois acreditava que, ao conseguir reunir esse grupo, seria muito fácil retomar seu antigo posto. O número era seu mantra; ele achava que seu poder maligno era vinculado a tal algarismo.

Continuava a se encontrar com outros chefes e a recrutar escravos; enganava qualquer espírito que se dispusesse a negociar com ele, queria o poder máximo de um dragão. Em suas incursões pelas camadas densas do planeta, não lhe importava se estava transgredindo acordos firmados previamente entre os senhores da escuridão, onde cada ser tem de respeitar o espaço do outro.

Hamek queria o poder máximo de um dragão a qualquer custo, esquecendo-se de que o respeito pelo próximo e honrar a palavra são a chave para o sucesso. Por suas trapaças ele havia recrutado o número almejado de espíritos para atacar a mansão do novo Exu Veludo. Faltava apenas concluir o plano de retomada, mas esse era o menor dos problemas, pois ele contava com um especialista em ataques a castelos e mansões. Tratava-se de um militar da Primeira Grande Guerra, que havia invadido e resgatado muitos soldados de seu exército, que haviam se tornado prisioneiros da tropa inimiga.

Em razão das trapaças do novo chefe águia negra, as notícias começaram a correr pelo baixo etéreo, até chegar ao castelo do grande Exu Veludo, que se conectou com seu amigo Marabô, que imediatamente fez com que a notícia chegasse às camadas mais baixas do planeta, de onde recebeu autorização para agir em nome da lei dos dragões. Hamek havia transgredido as normas e deveria pagar por sua ousadia.

Os chefes Marabô, Veludo e Maria Mulambo se reuniram na mansão do novo Exu e o deixaram bem informado sobre os acontecimentos. Também lhe orientaram que deveria arrumar sua mudança porque havia outro lugar esperando para recebê-lo; era a segunda vez que ele havia executado um excelente trabalho.

O Exu tinha transformado a mansão de Hamek em uma fortaleza intransponível: era impossível ser invadida ou que alguém do lado de dentro conseguisse sair do portão sem sua senha de segurança. A fuga do velho feiticeiro havia provocado uma verdadeira revolução no sistema de segurança da antiga casa dos horrores.

Fora espalhada uma notícia no baixo etéreo que o Exu que tomou a casa de Hamek tinha traído seu chefe e por conta disso estava muito enfraquecido, sendo fácil ter sua casa assaltada.

O mago entrou em estado de euforia, queria acelerar a retomada de sua propriedade sem correr o risco de ver outro feiticeiro negro usufruir do que considerava seu patrimônio. Chamou o estrategista e ordenou que ousasse na retomada de sua antiga mansão; ele não queria somente invadir o lugar, também deveria escravizar e humilhar o Exu ao máximo. Queria que todos entendessem quem era o chefe da falange Águias Negras.

Em clima de festa o Exu esvaziou a casa que pertenceu a Hamek; ele havia feito uma reforma, transformando-a em um enorme galpão. Bastava apertar um botão e sete centenas de paredes erguiam-se simultaneamente; em milionésimos de segundos a casa virava uma imensa cadeia com quatro centenas de celas de onde era impossível alguém fugir. O formato escolhido pelo arquiteto foi uma estrela de seis pontas ligadas entre si por um imenso corredor.

Quem tentasse sair do labirinto ficava girando em volta do núcleo, onde se localizava uma sala de controle completamente monitorada e sem acesso interno; somente se chegava a essa sala com uma senha de alta complexidade, que era fornecida aos integrantes da falange de Veludo.

Para se ter acesso era necessário que um portal fosse aberto por ele, que havia escolhido sete dos seus cavaleiros para formar a diretoria do novo presídio de segurança máxima do baixo etéreo. Todo esse aparato de segurança não era possível ser detectado por espíritos sombrios; mesmo que entrassem, poderiam circular à vontade, o que viam era tão somente um gigante galpão, que parecia ter sido abandonado às pressas.

A notícia correu rápido entre os comparsas de Hamek, que havia se tornado o chefe da falange de desordeiros Águias Negras, a qual já havia ultrapassado o número de criminosos que o feiticeiro almejava para invadir e retomar sua antiga casa dos horrores.

Já estava pronto o plano traçado pelo seu estrategista militar. Quando foi apresentado ao mago, ele ficou impressionado com a riqueza de detalhes e com a forma espetacular como seu general trabalhava, tudo no plano era perfeito.

Agora só precisava obter algumas informações de um espião que havia enviado para rondar a mansão, para dar início ao ataque que, tinha certeza, seria fulminante, sem que o Exu que a estava ocupando tivesse a menor chance de fazer absolutamente nada, a não ser se render e tornar-se escravo novamente.

O novo chefe Águia Negra já saboreava a vitória, "não existia nenhuma falha no plano de seu general de guerra, em uma questão de pouco tempo ele estaria desafiando o Exu Veludo com toda sua falange", dizia em alta voz para que todo o baixo etéreo ouvisse e a notícia chegasse aos ouvidos de Maria Mulambo, que segundo ele seria esmagada pelo seu exército. Fazia planos para proibir a entrada do Exu Marabô em sua dimensão, assim ele não teria acesso aos dragões, nem ao reino do Exu Veludo, que fica localizado na quarta camada para baixo da crosta terrestre.

Os planos de Hamek em se tornar um dos dragões não havia acabado, o mago estava pronto para declarar uma guerra no baixo etéreo e ser vencedor. Somente assim ele imaginava que poderia ser recebido na sétima dimensão para baixo, ser coroado como demônio pelo príncipe das sombras e de maneira triunfal pisotear sobre as cabeças de Veludo, Mulambo e Marabô.

Hamek estava muito empolgado com sua falange, ele havia escolhido somente militares que haviam participado dos conflitos da Primeira Guerra Mundial; portanto, todos tinham larga experiência em combate armado, o que lhe dava extrema confiança. Esperava o retorno do espião que havia enviado para sondar qual era a real situação em que se encontrava a segurança de sua antiga mansão, o que se deu mais rápido do que imaginava. Seu mensageiro retornou com ótimas notícias:

não haveria combate, o lugar estava deserto, era chegar e entrar sem ser incomodado por ninguém. O mago, ao receber a notícia, chamou seu general e mandou que reunisse os homens pois havia chegado a hora de retomar seu antigo porto seguro.

Enquanto no baixo etéreo a euforia tomava conta da falange Águias Negras, no etéreo, onde se respeita a lei universal, três Exus de lei acompanhavam o movimento do espírito rebelde e se preparavam para cumprir mais uma vez o dever que lhes fora concedido pela espiritualidade maior, tirar de circulação um marginal de extrema periculosidade e sua horda de espíritos criminosos.

Enquanto as coisas estavam ficando a cada momento mais tensas no etéreo, no plano físico a família de Sinésio estava cada dia mais unida e aos poucos se conformando com a perda do seu chefe. Cadu, que havia adiado seu casamento, estava retomando os preparativos para dar prosseguimento a seus planos. Isabela andava reclamando de tudo, não suportava sentir o cheiro de seu marido, qualquer alimentação ingerida retornava. Ana andava eufórica com a ideia de ser avó, Augusto fazia planos para receber seu primeiro herdeiro, era o retorno da felicidade à família. Os negócios andavam muito bem com Cadu no comando.

Na cidade, a população não falava em outra coisa se não na gigantesca igreja que estava sendo erguida. Ana não quis morar mais na região, preferindo ficar no litoral paulista ao lado de Augusto e Isabela, que continuavam promovendo os jantares entre os amigos. Os trabalhos espirituais faziam parte da vida deles. Ana trabalhava em um centro de umbanda na cidade, onde fez muitas amizades; apesar da saudade do marido, procurava nas obras de caridade o conforto para suportar a falta de seu companheiro, que havia partido de maneira prematura rumo à evolução espiritual, vitimado pela maldade inescrupulosa do mago negro Hamek, que desconhecia os limites impostos a todo espírito humano pela lei universal.

Hamek retoma a mansão

Com a notícia dada pelo seu espião de que a casa estava desabitada, o mago acelerou o processo de ocupação de sua antiga morada, chamou seu general e o encarregou de reunir a tropa. Havia chegado a hora da batalha final.

Ele lamentava que o Exu que o traiu e escravizou não estivesse mais morando na mansão, queria ter o prazer de cortar suas orelhas e mandar de presente para seu chefe, como resposta ao que havia acontecido antes com um de seus sombras, que chegou à sua presença mutilado e humilhado sem uma orelha. Segundo falava, o Exu Veludo ia ter sua resposta, era uma questão de tempo, o mago estava pronto para a guerra e completamente alucinado pelo poder de dragão, e desafiaria qualquer guardião de lei que ele achasse que poderia impedi-lo de chegar a tal posto. Havia perdido o medo que sentia da Pombagira Maria Mulambo e tratava o Exu Marabô como um inimigo que deveria ser combatido e derrotado.

Com a horda de criminosos reunida ao seu redor, sentia-se um verdadeiro comandante militar; havia deixado de lado o disfarce de ave de rapina que usava enquanto estava recrutando escravos pelo baixo etéreo. Agora vestia um uniforme militar preto que tinha o logotipo de uma águia vermelha carregando no bico uma mulher seminua com uma rosa também vermelha na boca, desenhada no bolso esquerdo da farda.

Com a tropa reunida, ordenou a seu general que seguisse viagem rumo a Chiribá, cidade construída por outro mago e tomada por ele, da qual se tornou comandante supremo, onde estava localizada sua antiga mansão. Para o novo chefe dos Águias Negras, a guerra havia começado.

Enquanto a horda de Hamek se deslocava pelo baixo etéreo, um grupo discreto acompanhava de perto o movimento dos desordeiros. Sem se deixar notar ou causar nenhuma suspeita, uma falange de mulheres ainda bem jovens seguia os passos deles e estudava o comportamento de cada um dos líderes de grupamentos. O Águia havia recrutado 850 soldados, todos eram ex-combatentes que haviam desencarnado durante a guerra, portanto ainda estavam ensandecidos pelo ódio e vontade de combater.

Maria Mulambo acompanhava de perto tudo que o velho desordeiro fazia. Ela estava determinada a cumprir o que havia lhe prometido e já havia comunicado sua decisão aos dois Exus. Eles tentaram dissuadi-la da decisão, mas, bem do jeito Mulambo, ela os orientou a sair de perto ou, se não quisessem ver, era só fecharem os olhos, mas que ela cortaria o pênis do velho estuprador logo que ele fosse pego, ninguém precisava ter dúvidas disso. Veludo e Marabô sabiam que não adiantava pedir para que ela não o fizesse, eles não perderiam tempo com isso. Esse assunto só dizia respeito a Mulambo e Hamek, era uma pendência entre eles que não cabia mais a ninguém.

A falange do espírito criminoso se deslocava pelo baixo etéreo há dois dias, e estavam bem próximos de alcançar o local que pretendiam ocupar.

No castelo do chefe Veludo estava acontecendo uma linda festa, em que comemoravam o sucesso do extraterrestre que havia se tornado Exu.

Na entrada do castelo havia sido plasmada uma tela quase invisível, que transmitia imagens ao vivo do deslocamento da tropa do mago negro, imagens que eram enviadas do Palácio de Maria Mulambo. Suas espiãs estavam seguindo a tropa de desordeiros de Hamek, mantendo sua chefe informada sobre tudo o que acontecia naquela parte do baixo etéreo. Por determinação dela, tudo era retransmitido imediatamente para o quartel-general da operação onde estavam reunidos os três chefes da nova organização, "VMM".

Os feiticeiros negros agora teriam de trabalhar com cuidados redobrados, porque essa organização tinha como objetivo colocar um freio na falange dos desordeiros do baixo etéreo, prendendo e encaminhando-os às hierarquias espirituais para que sejam tomadas providências; encaminhados aos tribunais celestiais ou levados à presença de um dos dragões, para serem enxugados e terem os inconscientes purgados, secados, arrancados completamente, até que a mente não dê mais sinal de existências pregressas.

Esse é o projeto dos Exus Veludo, Mulambo e Marabô, Organização VMM.

Enquanto era homenageado na casa do chefe, o novo Exu e todos os integrante da falange Veludo assistiam à chegada do exército de Hamek para retomar seu antigo laboratório.

Os soldados do mago andavam marchando em perfeita sintonia; o general vinha na frente andando rápido e de maneira determinada, gritando palavras de ordem para manter a tropa com a moral em alta.

Quando se aproximaram do portão, o comandante supremo da falange Águias Negras assumiu a forma de ave de rapina e levantou voo, passou várias vezes sobre o telhado do galpão e não viu nada que levantasse suspeita; deu vários rasantes e em um deles quase pousou no meio do imóvel. Nada viu e, sem perceber qualquer tipo de ameaça, resolveu retomar sua forma humana, posicionando-se em frente à tropa, e dar seu aval para que o general começasse a abrir o portão.

Quando os primeiros soldados começaram a forçar a entrada, perceberam que o portão não tinha trava nem fechadura, estava aberto. Os homens começaram a entrar e assumir a posição de combate, até que ocuparam totalmente o galpão; o último a entrar foi Hamek, que estava incomodado com o silêncio e a falta de combate. Para ele era frustrante toda aquela calmaria. Com a tropa estrategicamente posicionada e pronta para o combate, que não haveria de acontecer, o mago se dirigiu para o centro do galpão e ordenou a seu general que reposicionasse a tropa para ouvir seu pronunciamento.

A certa distância uma Pombagira, com dois de seus companheiros, tomava licor e gargalhava; enquanto eles tomavam uísque e tentavam salvar o mago da mutilação, ela apenas os olhava e se divertia com a preocupação deles.

Tinha chegado o dia em que aquela jovenzinha que o velho feiticeiro europeu havia estuprado cumpriria o que prometera muitos anos atrás.

No palácio de Veludo o silêncio era absoluto, todos estavam com as atenções voltadas para a tela que recebia as imagens das espiãs de Mulambo. Dentro do galpão estava tudo pronto, os soldados já posicionados para ouvir o discurso do chefe, mas faltava a equipe de guardiões de lei concluir o círculo que estava sendo construído em volta da casa, que em segundos se transformaria em uma prisão de segurança máxima, já com 851 prisioneiros.

Quando foi fechado o círculo, os guardiões responsáveis pelo centro de controle assumiram suas posições, conectaram-se com o chefe Veludo e lhe deram sinal verde para apertar o botão de controle quando lhe fosse conveniente. Dentro do galpão o velho feiticeiro começava seu discurso, alertando que qualquer um dos homens que o traísse seria feito escravo e teria um membro cortado, tornar-se-ia inútil e seria levado de volta para a crosta. Falou que estava pronto para assumir o comando de todo o baixo etéreo e, portanto, precisaria recrutar mais combatentes. De seu trono o Exu Veludo ouvia suas palavras através do som enviado pelas mulambos, que estavam juntas com os sete guardiões que formavam a diretoria da prisão.

No conforto de seu palácio, Veludo chamou o compadre Marabô, entregou o controle em suas mãos, deu uma boa gargalhada, tomou uma dose de sua bebida e serviu outra para o parceiro. Eles acenderam seus charutos e Marabô escutou:

– Esse negócio de prender é com você; quando quiser, são todos seus.

No centro de controle os diretores estavam com os transmissores ligados, ouvindo as palavras do chefe; caíram na gargalhada e nem escutaram o clique das paredes subindo e formando um complexo penitenciário espetacular e intransponível, porque somente com aquele controle que se encontrava na casa de Veludo é que se podia abrir um portal no teto da sala de controle, onde estava instalada a diretoria a da fortaleza.

Em um milionésimo de segundo Hamek estava falando sozinho. As paredes tinham separado o grupo de desordeiros, mas, como não podiam ver as edificações, ficaram sem entender o que estava acontecendo; não ouviam mais a fala de seu chefe nem de outros companheiros que não fossem do grupo que havia ocupado a cela.

O ambiente era acústico, totalmente isolado do mundo exterior, mas o mago continuava falando; ninguém ouvia o seu discurso, mas ele não parava de expor seus planos sombrios contra os Exus de lei, que, para ele, a partir daquele instante se tornaram seus inimigos. Orientados por Veludo, os diretores do complexo penitenciário abriram o sistema de som para que todos pudessem ouvir as instruções que viriam do quartel-general da operação, e somente assim entenderiam o que havia acontecido. Hamek continuava falando, gesticulando, esbravejando, prometendo poder ao seu general, que já não o escutava, mas que se mantinha imóvel, não por disciplina, mas porque estava sob uma força eletromagnética de proporção tão intensa que não o deixava nem pensar, quanto mais se movimentar ou falar alguma coisa.

Exu Marabô se apresenta

A horda de desordeiros mantinha-se paralisada, estava sendo submetida a um esmagamento eletromagnético, pressão criada a partir de uma inversão dos polos imantados entre o espírito e o centro de gravidade da Terra. Nenhum ser vivente é capaz de aguentar tamanha pressão, que provocava um sibilar tão forte que mantinha os espíritos trevosos com uma sensação de tontura, sem a menor condição de se movimentar, falar ou fazer qualquer tipo de gesto. Os diretores do presídio foram abaixando o som e controlando a frequência para que o sibilar fosse diminuindo; abafaram o som do discurso de Hamek, que foi colocado dentro de uma redoma invisível, construída com material que ele utilizava antes para desenvolver seus feitiços. O novo Veludo havia desenvolvido esse tecido a partir do ectoplasma putrefato apreendido no antigo laboratório. Com ele desenvolveu uma espécie de resina indestrutível; usando-a, ele desenhou a cela que o mago negro ocuparia por algumas centenas de anos.

O silêncio tomou conta do ambiente. Ouvia-se de todas as repartições da fortaleza uma voz firme e acolhedora ao mesmo tempo, que vinha através do sistema de som que integrava a prisão com o quartel-general:

– Senhor Hamek, por determinação da corte suprema e do tribunal de justiça universal, dos quais sou representante legal nas dimensões inferiores do planeta Terra, o senhor está preso. Os senhores integrantes da falange também estão presos e serão levados todos ao tribunal superior para que tenham um julgamento justo. Para que isso aconteça, eu, Exu Marabô já tomei todas as providências e designei um advogado para representá-los. Tenham certeza que daqui vocês não poderão fugir, esta é uma prisão de segurança máxima e está sob o comando do Exu Veludo; portanto estarei aqui para ajudar o irmão que quiser se submeter ao julgamento sem demora, garanto a integridade de todos vocês e o livre acesso à justiça, esse é o meu compromisso com a força maior. Quanto a Hamek, você está sendo solicitado por um dos dragões e terá de ser enviado à sua presença. A justiça universal já concedeu autorização para que ele o tenha como escravo em seu poder, por um prazo máximo de 120 anos. Quero comunicá-lo que será transferido a qualquer momento, estou esperando apenas que ele mande seus subordinados buscá-lo.

Terminado o discurso, o senhor Marabô apertou um botão no controle, fechou o portal, passou o comando para as mãos do compadre e lhe comunicou que precisava retornar ao seu reino, pois havia algumas coisas que estavam dependendo dele para acontecer.

Veludo pediu que levasse o controle, pois, se precisasse dele, teria um motivo para se encontrarem outra vez.

Marabô se despediu de Veludo, de Maria Mulambo e retornou ao seu reino. Com o desenrolar dos acontecimentos e com a falange Águias Negras presa, a festa continuou na casa do chefe do extraterrestre.

Os integrantes da falange estavam esperando a chegada das espiãs de Mulambo, que se aproximou de Veludo e pediu o controle, pois queria fazer uma visita ao mago. Ele fingiu que não havia escutado ou que não tinha entendido o que ela queria. Mulambo pegou em sua gravata, puxou-o para bem perto e falou quase dentro de seu ouvido.

– Me entrega essa porra desse controle logo.

Veludo deu uma gargalhada bem sarcástica e tirou a gravata para nunca mais a usar e lhe respondeu:

– Meu compadre o levou com ele, acho que se esqueceu de devolver, e caiu na gargalhada.

Mulambo ficou calada, olhou para o Exu e disparou:

– Vocês são dois filhos de uma... Miseráveis, uma hora me pagarão por isso – bebeu seu licor de uma vez, acendeu um cigarro, deu uma gargalhada, arrumou seu lindo cabelo e saiu dançando pelo salão.

A Pombagira estava p... da vida:

– Marabô, seu filho de uma boa mãe. Logo nos encontramos, me aguarde, você não perde por esperar.

Enquanto a Pombagira esbravejava, o representante da lei na escuridão fazia o caminho de volta para seu reino. Mesmo sem ter esquecido, fingiu ter lembrado que ela queria falar com Hamek, também fingiu lamentar que ela não tivesse como entrar no presídio. Tinha conseguido salvar a pele do velho mago, que certamente seria submetido a procedimentos bem piores. O senhor Marabô estava feliz com o desfecho que teve a operação, mas com certeza escutaria um sermão da Mulambo quando a encontrasse. Como fala meu compadre Veludo, "a Mulambo é f... Essa mulher é ponta de agulha".

Ainda estava acontecendo a festa no QG da organização VMM, (Veludo, Mulambo, Marabô) quando chegaram as sete espiãs; elas receberiam homenagens pela coragem que demonstraram na incursão pelo baixo etéreo acompanhando a falange Águias Negras até sua prisão e mandando imagens que foram fundamentais para que o plano alcançasse seu objetivo: tirar de circulação pelo menos um dos milhares de espíritos maldosos que habitam o baixo etéreo.

Quando as moças entraram no salão de festas, foram recebidas com aplausos acalorados, afinal todos que estavam ali para recebê-las sabiam a importância do trabalho dos espiões; eles se arriscam nas dimensões mais escuras do etéreo para descobrir esconderijos nos mais profundos cantos do planeta, infiltram-se no meio de grupos imensos de desordeiros, somente para descobrirem planos maléficos contra organizações socorristas, tribunais de justiça ou pontos de apoio a espíritos recém-desencarnados, que são presas fáceis dos feiticeiros negros.

As meninas de Mulambo já estavam posicionadas no meio do salão de festas da organização, que havia sido criada havia pouco tempo e já contava com o apoio de todos os tatás. E, para pavor dos desordeiros do baixo etéreo, a instituição havia ganhado a simpatia dos Caboclos e Pretos-Velhos, que a viam como uma ótima maneira de combater o crime. A organização, sem sombra de dúvidas, não acabará com o crime organizado, mas com certeza dificultará em muito o trabalho dos magos negros.

É uma nova ordem universal, que se espalhará por todo etéreo e levará à prisão milhares de zombeteiros, que certamente serão levados aos tribunais para ajustarem suas contas com a lei e a ordem universal.

No centro do salão nobre, a chefe da falange Maria Mulambo discursava, parabenizando suas espiãs pela determinação, dedicação e empenho com o trabalho perigoso que fizeram no baixo etéreo acompanhando a horda de criminosos de Hamek.

Entregou a cada uma das moças uma medalha de honra por se tornarem as primeiras espiãs da organização. Liberando-as em seguida para aproveitarem festa, entregou uma taça de espumante para cada uma e jogou o cabelo para trás, quase chegando ao chão, pegou Veludo pela mão e o levou para uma dança. Reclamou que Marabô havia levado o controle da fortaleza de propósito, não por esquecimento, e certamente também tinha o dedo de Veludo na história.

O Exu deu uma gargalhada deixando sair apenas uma frase:
– O homem é a lei.

O Presídio

O ambiente no presídio começava a se acalmar, os diretores diminuiam a pressão magnética aos poucos para ver qual seria o grupo de prisioneiros, exceto Hamek, que precisava de cuidados especiais. Por ser um sábio feiticeiro e conhecedor de truques espetaculares, era necessário que se tivesse mais cuidado com ele.

Sua cela havia sido especialmente desenhada e construída para ser o ponto mais seguro e inacessível do etéreo, nem mesmo um dos dragões seria capaz de escapar daquela redoma; tinha a forma de uma centrífuga, era equipada com retentores de comunicação com o mundo externo, o teto continha hélices invertidas com lâminas extremamente afiadas, capazes de dividir um fio de cabelo ao meio. Portanto, se alguém encostasse nessas lâminas, seria triturado imediatamente.

A equipe tinha curiosidade de ver como funcionava a arma de repulsão da cela, pois sabiam da impossibilidade de alguém fugir daquele lugar. Começou também a ser aliviada a pressão magnética da cela do mago, e ele já conseguia fazer alguns movimentos; não se mostrou agressivo, dando a entender que havia aceitado a condição de prisioneiro.

O mago, percebendo que já conseguia se movimentar e mexer com os braços, decidiu que não ficaria naquele lugar nem mais um segundo; levantou os braços, desenhou um símbolo no ar e se transformou em uma imensa águia negra. Por causa do seu baixo padrão vibratório, não conseguia enxergar as paredes, chocou-se com o teto, encostando-se à hélice, e foi arremessado de volta para o solo com as poucas penas que lhe sobraram.

Logo a equipe entendeu como funcionava a arma e também que não podia aliviar as coisas para o velho feiticeiro, que estava naquele lugar de passagem. Teria de se apresentar ao maioral que o havia requisitado para que explicasse quem o autorizou a usar o disfarce de ave de rapina, o que se deu na semana seguinte, quando parou uma carruagem no portão da fortaleza trazendo em seu interior uma ordem judicial assinada pelo senhor Exu Marabô, para que o prisioneiro fosse entregue à equipe que o transportaria imobilizado para o embaixo.

A equipe seguiu as instruções do Exu e procedeu da maneira mais segura possível, mas não haveria necessidade do aparato de segurança porque, quando o mago saiu da cela e tocou o solo, foi tragado para baixo com uma velocidade tamanha que nem mesmo os Veludos entenderam como ele desapareceu.

Aos outros prisioneiros restava esperar o momento em que seriam julgados e conduzidos a seus destinos. Por serem criminosos comuns, todos os integrantes da falange foram levados ao tribunal, julgados e condenados pelos seus delitos, mas ninguém foi conduzido à presença de um dragão. Todos estão presos esperando por uma oportunidade para encarnar e tentar sair da inércia do crime e mergulhar no caminho da evolução.

As coisas começam a tomar o rumo desejado pela organização VMM, que conta com o apoio de toda a espiritualidade ligada à justiça universal, tanto da esquerda como da direita. Esse é apenas o primeiro passo entre tantos outros que serão dados em todas as dimensões, seja em direção à luz ou à escuridão.

Todos os espíritos que estão neste planeta passarão por uma depuração para adquirir condição de permanecer habitando-o; terão de mudar seus conceitos de humanidade e fazer por merecer. Somos um projeto, somos candidatos a ser humano; no entanto, teremos de evoluir, não tem a segunda opção. Ninguém ficará impune.

Hamek certamente teve seu encontro com a lei. Não sabemos quanta maldade ele fez, mas podemos garantir que seu reino do mal acabou, e esse será o fim de todo espírito que se posicionar marginal à ordem universal.

É para esse fim que foi criada a VMM, para proteger pessoas como Sinésio e tantas outras que certamente pagarão com a vida por suas inconsequências, e de muitos líderes religiosos que vivem mergulhados na maldade e apenas pensam em dinheiro, não levando em consideração a espiritualidade. Trabalha duro para elevar a conduta moral desses médiuns, e mesmo assim não consegue despertar o sentimento de caridade que todo ser humano que trabalha com os espíritos tem de colocar em primeiro lugar.

Quando um trabalho de feitiçaria negra é encomendado, há sempre alguém que será duramente prejudicado; a magia negra não existe para se praticar o bem, ela somente serve para se fazer o mal. Destruição, doenças, enfim, tudo que é de malefício vem junto com uma demanda. O pai ou mãe de santo que usa seus conhecimentos para se envolver com tal prática estará seriamente comprometido com as forças negativas e certamente receberá a cobrança que será do tamanho de sua imprudência.

Porque pode até ser que demore um pouco, mas uma hora terão de pagar a conta. Com o propósito de combater esse tipo de crime é que foi criada a organização Veludo, Mulambo, Marabô. Hamek foi o primeiro de muitos criminosos que serão tirados de circulação por essa organização, mas certamente existem outras organizações que já atuam no combate ao crime no baixo etéreo, caso contrário já estaríamos totalmente à mercê desses espíritos malignos, que direcionam suas mentes exclusivamente para o crime.

Sabemos que sempre haverá pessoas interessadas em praticar o mal, isso faz parte da raça humana e não há espírito aqui neste planeta que não tenha se envolvido em algum tipo de crime, por esse motivo está encarnado, para se redimir. Mas o caso dos magos negros não deve ser encarado como crime comum, eles são mentes inteligentes e criminosas, não respeitam as leis do Universo, não se submetem às lei do Mestre maior. Enfrentam a coroa dos dragões, por isso são caçados e presos, para que respondam por seus crimes. São espíritos petrificados na maldade, que precisam ser combatidos com o máximo de rigor.

Combater os criminosos do baixo etéreo e oferecer mais segurança ao planeta Terra.

Caçar, prender e enjaular espíritos de alta periculosidade que habitam as dimensões escuras próximas da superfície do planeta.

Coibir todo e qualquer tipo de abuso contra espíritos inocentes, quebrar feitiços e demandas.

Para esses fins foi criada a VMM, organização de combate ao crime hediondo praticado por feiticeiros negros, e para colocar um freio nesses espíritos criminosos, que terão de pôr um fim nesse tipo de trabalho sujo, mesmo que seja todos indo para a prisão, para que o planeta consiga evoluir e a espiritualidade maior consiga concluir o trabalho que lhe foi outorgado pelo nosso Mestre maior.

Essa instituição está sob o comando do comandante do quarto umbral, senhor Exu Veludo; da Pombagira que trabalha junto com sua falange na Calunga, onde tem de combater os magos negros que tentam invadir esse território quase que constantemente para roubar ectoplasma, senhora Maria Mulambo da Calunga;

e do representante da justiça que anda por todos os caminhos e encruzilhadas, cujo nenhum fora da lei consegue escapar de seu julgo, ele é a justiça na escuridão, senhor Exu Marabô.

Exu Veludo

Exu Veludo pertence à Linha das Encruzilhadas. É assistente imediato do orixá Ogum, se bem que os Exus trabalham para todos os orixás sem restrição; tem preferência que seus médiuns trabalhem descalços, para que sintam sua total energia, e quando Exus Veludos caminham dão a impressão de que estão amassando argila ou pisando sobre areia molhada. Recebem oferendas de trabalhos na beira da água, tanto doce como salgada. Aconselha-se a não procurar um Veludo para desenvolver trabalhos de magia negra. Sua forma astral é a de um cavalheiro ricamente vestido, aparecendo, entretanto, com característica dissonante de sua personalidade; esse Exu é muito amigo e compreensivo. Veste-se elegantemente de vermelho e preto, com capa também nessa cor.

Bebe todos os tipos de bebidas finas e fortes e fuma charutos de boa qualidade. A origem do nome é bem antiga, do tempo em que as pessoas de fala mansa, calma e tranquila eram lembradas como aveludadas; é uma entidade muito forte, protege demais os seus médiuns, exige muito deles porque não aceita que um filho seu tenha conduta distorcida.

Esse Exu vem das costas orientais da áfrica. Usa um turbante e finos tecidos trazidos do Oriente, o que lhe valeu o apelido de "veludo", ganhando notoriedade também por conta de seu jeito tranquilo e sua maneira luxuosa de se vestir.

Muitos médiuns, logo quando esse espírito começou a incorporar aqui no Brasil, viram sua maneira de trabalhar e o confundiram com um cigano, mas esse Exu especificamente não o era. Isso não significa que não trabalhe com os vertentes, pois a falange do Exu Veludo é grande e abrange muitas encruzilhadas, há inclusive uma passagem em que se apresenta como um cigano, porque ele tem um caminho muito forte na corrente cigana. Possui muitos conhecimentos sobre feitiços, por isso, quando um mago negro houve falar em seu nome, seu corpo treme. Veludo sabe tudo sobre feitiçaria pesada.

Veludo não é tolerante com criminosos, por isso, quando um feiticeiro negro sabe que está sendo monitorado por sua equipe, trata logo de sair de seu campo de atuação, porque sabe que vai ser pego e terá de responder pelo seu ato. Ele quebra as demandas e abre os caminhos de quem o procura e age corretamente com ele.

Gosta de tomar uísque e fumar charutos com essências. Alguns de seus caminhos são bem conhecidos, e esse Exu em questão é bem ligado ao Exu Marabô, por conta de atuar no quarto umbral. Ele tem parceria com todos os tatás, mesmo porque entre os Exus não existe individualismo. Quando há necessidade de ajuda, eles se juntam, e aí é que o baixo etéreo treme.

Laroiê, Exu Veludo

Como o senhor Exu Marabô escolhe sua equipe

O guardião da lei Exu Marabô tem como lema o combate sistemático ao crime organizado no baixo etéreo e garantir que a justiça esteja sempre ao alcance de todos. Para isso ele seleciona sua equipe entre espíritos especialistas na área do Direito; sua falange é formada por homens ou mulheres que tenham atuado nesse campo e que tenham desenvolvido atividades sociais quando encarnados, principalmente espíritos que tenham se envolvido ou trabalhado em favor das classes menos favorecidas.

Sua falange contém membros que trabalharam nas mais altas cortes de todos os países do planeta, visto que Marabô não trabalha somente para o Brasil. Ele tem uma equipe que conhece todos os cantos do planeta, desde os mais acessíveis, aos mais remotos lugarejos.

Queremos salientar que o senhor Exu Marabô não é um justiceiro e, portanto, não aceita que ninguém o procure para fazer trabalhos de feitiçarias, não foi para isso que ele se tornou um dos Exus mais procurados e respeitados do etéreo. Mesmo porque é exatamente isso que ele combate, o trabalho sujo dos feiticeiros negros.

Quem pode ser um Marabô

Desembargadores, juristas, juízes e advogados, ou qualquer espírito que seja comprometido com a lei e a ordem do Mestre maior e que tenha tido conduta ilibada quando encarnado. Esses senhores ou senhoras, em sua maioria, quando ainda estavam no corpo físico, ocuparam os mais altos cargos das altas cortes de justiça internacionais. Por esse motivo e por terem desenvolvido excelentes trabalhos em favor da humanidade, foram convidados para integrarem a falange do representante da lei, junto às cortes de justiça universal do mundo etéreo. Esses espíritos agora terão uma missão espetacular, integrar a força-tarefa do homem da lei na escuridão:

Senhor Exu Marabô.

A Breve História de uma Maria Mulambo

Quero deixar claro nesse diálogo que cada pessoa tem sua história, e existem centenas de milhares de Pombasgiras Maria Mulambo. Cada uma delas carrega suas experiências vividas ao longo dos milênios, mesmo fazendo parte da mesma organização e usando o nome Mulambo. Cada espírito que consegue entrar para o grupo recebe a honra de sua chefe para usar o nome Mulambo.

Maria Mulambo: normalmente essas Pombasgiras são sérias. Muitos médiuns desinformados dizem que elas são ligadas à prostituição, o que não é verdade. Qualquer espírito sombrio pode chegar a um centro de umbanda, especialmente os que não estão bem guardados, e usar o nome de qualquer espírito trabalhador; dependendo da conduta moral do médium, ele, muitas vezes, atrai espíritos muito negativos e ainda apegados aos prazeres carnais, os quaisa não perdem a oportunidade de incorporar e usufruir da energia daquele encarnado. Autodenominam-se Pombagiras ou Exus, quando na verdade não passam de ladrões de energia vital e viciados astrais de baixo padrão vibratório. Os Exus e Pombagiras são espíritos iluminados que trabalham para o equilíbrio do planeta Terra. Sabem de sua responsabilidade perante o Mestre que o governa planeta.

Essa Pombagira é de nobreza, e não devemos associar o nome Mulambo com pobreza; ela pode, sim, ter desapego ao luxo, mas quando estamos na frente de uma Mulambo, logo percebemos que estamos diante de uma Rainha.

Maria Mulambo é uma Pombagira que se tornou muito conhecida porque pratica caridade, sempre ajudando aquelas pessoas que a procuram para pedir coisas que tragam prosperidade. Seja no trabalho profissional, seja no campo sentimental, ela sempre vai estar pronta a ajudar.

Se alguém procurar uma Mulambo para fazer feitiços de magia negra ou amarração e ela aceitar, definitivamente não é uma Mulambo, certamente esse consulente está diante de um espírito sombrio e zombeteiro se fazendo passar por uma Pombagira. Isso é muito comum, principalmente por falta de vigilância dos médiuns.

Os pais e as mães de santo, ou líderes religiosos em geral, que decidem abrir um centro ou uma roça de candomblé, a primeira coisa a fazer: devem estudar e conhecer as artimanhas dos espíritos descomprometidos com a lei universal, a lei de umbanda. Justamente para evitar que espíritos sombrios se aproximem e aproveitem para desestabilizar o ambiente e provocar desordem ou desunião dentro do grupo.

Como um Exu ou Pombagira escolhe sua equipe?

O Exu Veludo nos explicou como funciona um selecionado.

– Todos os Exus e Pombagiras que são chefes de falanges, ao fazerem a seleção de suas equipes, são bastante rigorosos com os candidatos. Todos eles têm de ter um histórico ilibado e apresentarem muito conhecimento na área que pleiteiam um trabalho, e principalmente ter boa conduta moral.

Todos os cuidados que são tomados no selecionado de equipes têm o objetivo de impossibilitar a infiltração de elementos de espionagem entre as falanges que mantêm a ordem universal.

É muito comum os magos negros e os demônios infiltrarem seus espectros entre equipes socorristas e com isso causarem verdadeiros estragos entre seus membros. Em alguns casos chegam a desviar espíritos dessas equipes para trabalharem para eles, desmantelando assim uma falange.

Por isso a VMM criou um dispositivo que é implantado nos membros da equipe que fazem a segurança do lugar em que se localiza a prisão. Ainda assim não se pode falar que o sistema é totalmente seguro, mesmo porque existe no baixo etéreo um número muito grande de cientistas que trabalham para um dos dragões, e esse grupo é responsável por descobrir toda e qualquer tecnologia que seja desenvolvida no planeta, sem levar em conta a dimensão. Isso justifica a preocupação constante de todos nós que somos responsáveis por manter intacta a ordem do Mestre maior.

Também não podemos nos esquecer de que existe outra forma de poder no planeta que precisa ser respeitada, que também faz parte do equilíbrio das forças dominantes e que se faz necessária para a evolução da Terra. Essas forças trabalham na recuperação de muitos espíritos criminosos e somente ela tem os mecanismos para desenvolver tal trabalho.

Por esse motivo, eu peço aos viventes que não queiram usar o tempo que um Exu ou Pombagira concede a um médium em terra para lhe pedir que pratique qualquer tipo de trabalho que não nos eleve e que desgaste a imagem do espírito que está irradiando. Sem levar em consideração seu campo de atuação, à direita ou à esquerda, estamos trabalhando para o desenvolvimento do planeta e de seus habitantes. Não temos tempo a perder com brigas ou vaidades de seres encarnados; o tempo está chegando, e todos nós, viventes ou desencarnados, temos um compromisso com a evolução planetária, temos de vigiar nossos atos para conservarmos o direito de habitar esta grande mãe que é a Terra.

Quero que saibam, nossos irmãos, que nós, os espíritos trabalhadores, estaremos sempre à disposição para executar os trabalhos nobres que o Mestre nos designar. Quero lhes dizer que também sabemos das dificuldades que os irmãos encarnados têm de enfrentar em suas caminhadas, sabemos também que são oferecidas muitas facilidades para que se desviem de suas condutas morais. Mas posso garantir aos filhos e às filhas do Exu Veludo que, onde estiver um desses protegidos, eu estarei lá, andando junto e enfrentando todo e qualquer tipo de inimigo, para lhes assegurar caminhos abertos e prosperidade.

FIM

Leitura Recomendada

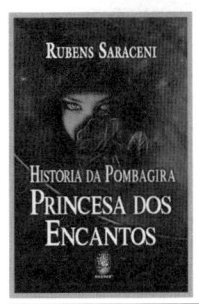

HISTÓRIA DA POMBAGIRA
Princesa dos Encantos

Rubens Saraceni

História da Pombagira é um romance que se passa há muito tempo e nos remete a uma época mítica, impossível de ser detectada nos livros de História. Rubens Saraceni, inspirado por Pai Benedito de Aruanda, mostra a lapidação de uma alma, tal qual um diamante bruto, e a sua trajetória rumo à Luz!

A EVOLUÇÃO DOS ESPÍRITOS
Rubens Saraceni

Nessa obra mediúnica psicografada pelo Mestre Mago Rubens Saraceni, os Mestres da Luz da Tradição Natural dão abertura a um novo e magnífico campo para o entendimento da presença divina no cotidiano das pessoas. Para isso, tecem breves comentários a respeito da diversidade da criação e da natureza e sobre a evolução dos homens.

AS SETE LINHAS DE EVOLUÇÃO E ASCENSÃO DO ESPÍRITO HUMANO
Rubens Saraceni

Na senda evolutiva do espírito são vários os caminhos que podem ser percorridos para a conquista do objetivo maior, que é o de sermos espíritos humanos divinizados. Mas que caminhos são esses que favorecem um "atalho" para se chegar mais rápido ao pódio?

ORIXÁ POMBAGIRA
Fundamentação do Mistério na Umbanda

Rubens Saraceni

Mais um mistério é desvendado: o da Pombagira, Orixá feminino cultuado na Umbanda. Por muitos anos, ela foi estigmatizada sob o arquétipo da "moça da rua", o que gerou vários equívocos e, por que não dizer, muita confusão, pois diversas pessoas já recorreram a ela para resolver questões do amor, ou melhor, para fazer "amarrações amorosas" à custa de qualquer sacrifício.

www.madras.com.br

Leitura Recomendada

A Iniciação a Umbanda
Ronaldo Antonio Linares / Diamantino Fernandes Trindade / Wagner Veneziane Costa

A Umbanda é uma religião brasileira centenária que cultua os Orixás (divindades), os quais influem diretamente nos mensageiros espirituais, que são as entidades incorporadas pelos médiuns para que os trabalhos sejam realizados.

Livro das Energias e da Criação
Rubens Saraceni

Este livro trata de um dos maiores mistérios divinos: a vida em si mesma e as múltiplas formas em que ela se mostra. O Mestre Mago Rubens Saraceni mostra que o mistério criador de Deus transcende tudo o que imaginamos, porque o Criador é inesgotável na sua criatividade e é capaz de pensar formas que fogem à imaginação humana, por mais criativos que sejam os seres humanos.

Jogo de Búzios
Ronaldo Antonio Linares

Jogo de Búzios foi idealizado por Ronaldo Antonio Linares, com o intuito de apresentar as especificidades desse conhecido oráculo sob a ótica umbandista, bem como desmistificar as comparações entre as religiões afro-brasileiras, Candomblé e Umbanda, que, em virtude do sincretismo sofrido no decorrer do tempo, foram consideradas como sendo a mesma.

O Cavaleiro do Arco-Íris
Rubens Saraceni

Este é mais um trabalho literário do Mestre Mago Rubens Saraceni que certamente cairá no gosto do leitor, tendo em vista que se trata de um livro iniciático, que apresenta a saga espiritual do Cavaleiro do Arco-Íris, o qual é um mistério em si mesmo e um espírito humanizado a serviço do Criador nas diversas dimensões cósmicas do Universo Divino.

www.madras.com.br

MADRAS® Editora — CADASTRO/MALA DIRETA

Envie este cadastro preenchido e passará a receber informações dos nossos lançamentos, nas áreas que determinar.

Nome _____
RG _____ CPF _____
Endereço Residencial _____
Bairro _____ Cidade _____ Estado ____
CEP _____ Fone _____
E-mail _____
Sexo ❏ Fem. ❏ Masc.   Nascimento _____
Profissão _____ Escolaridade (Nível/Curso) _____

Você compra livros:
❏ livrarias   ❏ feiras   ❏ telefone   ❏ Sedex livro (reembolso postal mais rápido)
❏ outros: _____

Quais os tipos de literatura que você lê:
❏ Jurídicos   ❏ Pedagogia   ❏ Business   ❏ Romances/espíritas
❏ Esoterismo ❏ Psicologia ❏ Saúde   ❏ Espíritas/doutrinas
❏ Bruxaria   ❏ Autoajuda   ❏ Maçonaria ❏ Outros:

Qual a sua opinião a respeito desta obra? _____
_____

Indique amigos que gostariam de receber MALA DIRETA:
Nome _____
Endereço Residencial _____
Bairro _____ Cidade _____ CEP _____

Nome do livro adquirido: Exu Veludo

Para receber catálogos, lista de preços e outras informações, escreva para:

MADRAS EDITORA LTDA.
Rua Paulo Gonçalves, 88 – Santana – 02403-020 – São Paulo/SP
Caixa Postal 12183 – CEP 02013-970 – SP
Tel.: (11) 2281-5555 – Fax.:(11) 2959-3090
www.madras.com.br

MADRAS Editora

Para mais informações sobre a Madras Editora, sua história no mercado editorial e seu catálogo de títulos publicados:

Entre e cadastre-se no site:

www.madras.com.br

Para mensagens, parcerias, sugestões e dúvidas, mande-nos um e-mail:

marketing@madras.com.br

SAIBA MAIS

Saiba mais sobre nossos lançamentos, autores e eventos seguindo-nos no facebook e twitter:

@madrased

/madraseditora